全员执行力

苏铭钦 ◎ 著

中国商业出版社

图书在版编目（CIP）数据

全员执行力：上下同欲者胜 / 苏铭钦著. -- 北京：中国商业出版社, 2024. 7. -- ISBN 978-7-5208-2966-3

Ⅰ. F272.9

中国国家版本馆CIP数据核字第2024PJ0844号

责任编辑：郝永霞
策划编辑：佟　彤

中国商业出版社出版发行
（www.zgsycb.com　100053　北京广安门内报国寺1号）
总编室：010-63180647　　编辑室：010-83118925
发行部：010-83120835/8286
新华书店经销
香河县宏润印刷有限公司印刷
*
710毫米×1000毫米　16开　13印张　130千字
2024年7月第1版　2024年7月第1次印刷
定价：68.00元
****
（如有印装质量问题可更换）

前言

全员没有执行力，企业丧失竞争力

在当今快速发展的商业环境中，企业的成功与否在很大程度上取决于其执行力的强弱。全员执行力，作为企业竞争力的核心要素，关乎企业的日常运营和长远发展。然而，许多企业在追求快速发展的过程中，往往忽视了执行力的建设，导致目标与实际成果之间存在巨大落差。全员没有执行力，企业将丧失竞争力，面临被市场淘汰的风险。

本书旨在深入探讨全员执行力的重要性、影响因素及其提升方法。通过清晰明确的目录结构，我们将引导读者逐步了解执行力的核心概念、必要条件、思维准则、关键要素以及企业文化等方面的内容。

在本书的第一章，我们解释了什么是全员执行力，以及它对于企业的重要性。我们阐明了"执行"作为企业长期关注的主题，是如何转化为企业核心竞争力的。同时，通过分析影响企业执行的原因，让读者对全员执行力有更深入的理解。

第二章进一步探讨了全员执行力的必要条件。统一的思想、一致的目标和愿望、各个层级和部门的参与以及清晰的企业文化导向，都是实现高效执行力的关键要素。并且，我们详细阐述了这些条件是如何通过协同作用来为企业创造价值的。

第三章介绍了全员执行力所需的八大思维准则。这些思维准则将帮助员工在工作中更好地应对挑战、抓住机遇，并为企业带来显著成果。通过理解并运用这些思维准则，企业将能够塑造强大的执行力文化。

第四章聚焦提高企业执行力的八大关键。从找到能执行的人、打造一支高效执行的团队到创建全新的执行力文化，我们提供了实用且全面的提高执行力的方法和策略，帮助企业提升全员执行力。

第五章深入探讨了如何建立执行力文化并导入执行作风。一个具有高度执行力的文化是企业持久发展的基石，在本章我们详细讨论了如何通过高层管理者、中层管理者和基层员工的共同努力，实现这一目标。

第六章重点关注了高层管理者的执行力。作为企业的领导者，高层管理者的执行力对于推动企业发展和实现目标至关重要。因此，本章我们探讨了如何通过制订计划、凝聚人心、建立机制和有效激励等方式，提升整个企业的执行力。

第七章探讨了中层管理者的执行角色和职责。中层管理者在企业组织结构中起着承上启下的作用，他们的执行力对于确保工作顺利进行和实现企业目标至关重要。因此，我们详细分析了中层管理者在计划、沟通、责任、落实等方面应具备的能力和素质。

第八章关注基层员工的执行修炼。基层员工是企业日常运营的基础，他们的执行力直接影响企业的运营效率和成果。因此，在本章我们详细讨论了基层员工如何通过换位思考、避免细节错误、承担责任、有效沟通以及对企业的感恩之心等方式，提升个人的执行力。

第九章主要聚焦部门执行力的落地、跟踪及考核。我们介绍了确保部门高效执行的关键要素，包括各部门间的衔接、日常工作的文件化和标准化、执行力检查的定期或不定期开展以及详尽的执行力考核方案的制订和落实等。并且围绕这些关键要素，给出了具体的方法和工具，帮助企业实现部门执行力的提升。

总体来说，本书为企业提供了一套系统性的提高执行力的方法论，以提升全员执行力为核心目标，确保企业各个层级和部门都能够高效地执行任务并取得成果。本书是我们子钦集团的倾力之作，子钦集团作为以子钦医疗器械（重庆）股份有限公司为核心的医疗健康产业集团，企业文化是：高度服从、高效执行；相信团队、敬畏规则；快乐工作、感恩回报。我们将执行力放在企业文化首位，足见我们对执行力的看重。也正因为如此，我们写作了本书，在此，我们希望读者通过阅读本书，能够深入了解全员执行力的重要性、影响因素及其提升方法，为企业的良好发展提供有力的指导。

目录

第一章　什么是全员执行力

执行力和全员执行力 / 2

"执行"是企业长期关注的主题 / 6

企业如何理解全员执行力 / 10

企业需要全员执行并得到成果 / 14

全员执行力就是企业核心竞争力 / 18

影响企业执行的原因分析 / 20

第二章　全员执行力必要条件

全员执行力需要统一的思想 / 28

全员执行力需要一致的目标和愿望 / 31

高层、中层、基层、部门一个都不能少 / 34

全员执行力需要清晰的企业文化导向 / 37

第三章　全员执行力八大思维准则

服从思维——规则至上 / 42

专注思维——锁定重点 / 46

简约思维——大道至简 / 49

冠军思维——聚焦能量 / 52

极致思维——做到更好 / 55

迭代思维——创新迭代 / 58

狼性思维——破釜沉舟 / 61

效率思维——重在当下 / 64

第四章 提高企业执行力的八大关键

找到能执行的人 / 68

打造一支高效执行的团队 / 72

领导力决定执行力 / 76

落实执行力保障机制 / 80

让沟通成为有效执行的加速器 / 82

用"心"执行，才会有好结果 / 86

创建全新的执行力文化 / 89

让每个人自觉自愿地执行 / 93

第五章 建立执行文化，导入执行作风

勇于负责：勇于负责任，才能担重任 / 98

马上行动：不要犹豫和等待，立即行动 / 101

绝对服从：首先接受工作，然后完成工作 / 105

没有借口：面对问题要找方法而不是找借口 / 109

说到做到：说到就要做到，并且要做到最好 / 111

第六章　高层执行者重视执行并参与执行

老板是公司执行力的第一推动者 / 116

超强执行力是每个优秀老板的标配 / 119

老板执行力之制订计划 / 123

老板执行力之聚人心 / 127

老板执行力之建机制 / 130

老板执行力之善指导 / 134

老板执行力之善激励 / 137

第七章　中层管理执行必须到位

中层管理执行，"计划"必须到位 / 144

中层管理执行，"沟通"必须到位 / 147

中层管理执行，"责任"必须到位 / 152

中层管理执行，"落实"必须到位 / 156

中层管理执行，"检查"必须到位 / 159

中层管理执行，"结果"必须到位 / 162

中层管理执行，"改进"必须到位 / 164

第八章　基层执行者的执行修炼

换位思考，不要计较 / 168

避免细节错误，养成细节习惯 / 172

对工作负责，敢于承担责任 / 175

沟通要明确、到位、有效 / 179

感恩企业、感恩领导、感恩同事 / 181

修炼服从、速度、团队、落实意识 / 183

第九章　部门执行力的落地、跟踪及考核

各部门上下左右是否衔接到位 / 188

相关部门日常工作要文件化和标准化 / 190

公司执行力检查应定期或不定期展开 / 192

制订和落实详尽的执行力考核方案 / 195

第一章

什么是全员执行力

执行力和全员执行力

执行力是指企业为实现战略目标,完成既定任务的能力。它是企业运营、管理、创新等方面综合实力的体现。在现代商业竞争中,执行力已经成为企业成功的关键因素之一。没有执行力,企业将难以在激烈的市场竞争中立足。

全员执行力是指企业全体员工对战略、决策和规章制度的共同理解与执行能力。它强调的是企业内部的协作与配合,要求员工在工作中保持高度的责任感和主动性。全员执行力是企业在竞争中的重要优势,它能够推动企业高效地实现战略目标,提升企业的整体竞争力。

执行力是一种系统性的能力,涉及企业的各个层面和领域,主要包括以下几个关键要素:

一是战略规划。企业需要制订清晰、可行的战略规划,明确发展目标和发展路径。

二是组织结构。企业需要建立合理的组织结构,明确各部门、各岗位的职责和权限，确保企业内部的高效协作。

三是人员素质。企业需要拥有一支高素质的员工队伍，具备专业知识和技能，能够高效地完成工作任务。

四是流程优化。企业需要不断优化业务流程，提高工作效率，降低成本，提升企业的市场竞争力。

五是企业文化。企业需要建立积极向上的企业文化，激发员工的归属感和创造力，推动企业的发展。

全员执行力具有以下几个特点：

一是全员参与。全员执行力强调全体员工的参与和协作，不仅仅是高层管理者或某个部门的事情，每个员工都应该明确自己的职责，了解企业的发展目标，积极参与执行过程。

二是统一目标。全员执行力要求全体员工拥有统一的目标和价值观，对企业的发展方向和战略目标有共同的认识。只有目标一致，才能更好地协同作战。

三是高效沟通。全员执行力需要企业内部高效的沟通机制。员工之间需要保持密切的联系，及时交流信息，协调工作进度，确保工作顺利进行。

四是责任意识。全员执行力要求员工具备强烈的责任意识。每个员工都应该对自己的工作负责，积极主动地完成任务，为企业的发展贡献力量。

五是持续改进。全员执行力需要拥有持续改进和优化的过程。企业需要关注执行过程中的问题与不足，及时采取措施进行改进，不断提升执行效果。

全员执行力对于企业的发展具有重要意义。

一是全员执行力能够提高企业的运营效率。当每个员工都能够明确自己的职责，理解并认同企业的发展目标，并积极主动地完成工作任务时，企业的整体运营效率将得到提升。

二是全员执行力是企业在市场竞争中的重要优势。一个拥有全员执行力的企业，能够快速响应市场变化，抓住商机，赢得客户的信任和忠诚。这有助于企业在激烈的市场竞争中脱颖而出。

三是全员执行力有助于推动企业的创新与发展。当员工积极参与执行过程时，他们会对企业存在的问题和不足更加敏感，并提出建设性的改进意见。这有助于激发企业的创新活力，推动企业的发展壮大。

四是全员执行力能够提升员工的士气和凝聚力。当员工感受到自己成为企业发展过程中的重要一环时，他们的归属感和成就感将得到增强。这有助于提高员工的满意度和忠诚度，增强企业凝聚力。

亚马逊作为全球最大的在线零售商之一，以其卓越的全员执行力而闻名。公司创始人杰夫·贝索斯强调Day1思维，即始终保持初创公司的激情和敏捷。亚马逊的员工被鼓励提出创新想法，并快速执行。这种全员执行力使得亚马逊迅速抓住市场机会，推出了一系列成功的产品和服务。

华为，这家中国科技界的龙头企业，其成功在很大程度上归功于全员执行力。华为强调"狼性文化"，鼓励员工具备敏锐的洞察力、团队协作能力和超强的执行力。华为的员工被紧密地组织成一个高效的团队，共同应对市场挑战。这种全员执行力使得华为在国内外市场取得了显著的成绩。

星巴克是一家全球知名的咖啡连锁品牌，其成功的关键在于注重员工培训和企业文化建设。星巴克致力于为员工提供全面的培训，使他们能够提供优质的客户服务。此外，星巴克强调"以人为本"的企业文化，鼓励员工积极参与决策和提供反馈。这种全员执行力使得星巴克在竞争激烈的市场中保持领先地位。

上述企业通过培养全员执行力，实现了卓越的运营效率、市场竞争力、创新能力和员工士气。它们的成功经验表明，全员执行力是企业实现长期稳定发展的重要保障。为了有效地践行全员执行力，子钦医疗器械公司也确定了"高度服从、高效执行；相信团队、敬畏规则；快乐工作、感恩回报"的企业文化。

"执行"是企业长期关注的主题

在当今竞争激烈的市场环境中，执行力已经成为决定企业成败的关键因素之一。

商业环境始终处于不断变化之中，企业需要具备快速应对市场变化的能力，而执行力的高低直接决定了企业应对市场变化的效率和效果，因此，企业必须长期关注执行力，不断提升应对市场变化的能力。

企业的战略目标需要落地执行才能实现。没有强大的执行力，战略目标很容易变成空谈。只有通过高效的执行，将战略转化为实际的工作计划和行动，才能确保战略目标的顺利实现。

在激烈的市场竞争中，执行力成为企业竞争优势的重要来源之一。执行力的高低决定了企业在市场中的反应速度、成本控制、创新能力等多个方面，从而影响企业的整体竞争实力。

执行力是企业文化的重要组成部分。一个注重执行力的企业，必然形成一种积极向上、高效务实的工作氛围。这种氛围有助于激发员工的创造力和工作热情，推动企业持续发展。

那么如何提高企业的执行力呢？

一是明确目标与计划。制定清晰、具体的目标，并将其与企业的战略规划相结合。确保每个目标都有明确的责任人、时间节点和可衡量的指标，以便对执行过程进行监控和管理。同时，制订详细的工作计划，分解任务、安排资源，确保执行过程的高效推进。

二是组织与协调。建立高效的组织结构，明确各部门、各岗位的职责和权限，确保企业内部的高效协作。加强跨部门沟通与合作，打破"信息孤岛"，提高组织协调效率。同时，建立健全内部管理流程，确保各项工作的有序进行。

三是人员培训与发展。重视员工的培训和发展，提高员工的专业素质和工作能力。通过培训和教育，使员工具备完成工作任务所需的知识和技能。同时，关注员工的个人成长和发展，为员工提供晋升和发展的机会，提高员工的工作积极性和忠诚度。

四是激励机制与考核制度。建立科学的激励机制和考核制度，将员工的业绩与奖励挂钩，激发员工的工作热情和创造力。注重考核制度的公平、公正和合理性，确保考核结果客观、准确反映员工的工作表现。同时，通过非物质激励手段，如晋升机会、荣誉表彰等，激发员工的工作动力和归属感。

五是创新与改进。鼓励员工积极提出创新想法和建议,激发员工的创新意识和创造力。同时,持续改进和优化执行过程,及时发现和解决执行过程中出现的问题,提高执行效率和效果。通过创新与改进的结合,推动企业持续发展。

六是监控与评估。对执行过程进行全程监控和评估,确保各项任务按照计划进行并达到预期目标。及时发现和解决执行过程中出现的问题,调整工作计划和资源分配。同时,定期对执行成果进行评估和总结,以便不断优化和完善执行过程。

七是反馈与调整。鼓励员工及时反馈执行过程中的问题和困难,以便及时采取措施进行调整和改进。同时,根据市场变化和企业发展需要,不断调整和完善战略规划与执行策略,确保企业的执行方向始终与市场需求保持一致。

八是营造执行力文化。通过多种方式向员工传递执行力的重要性,培养员工的执行意识和能力。营造一种积极向上、强调执行力的企业文化氛围,使员工充分认识到执行力对于企业发展的重要性。同时,树立执行力典范和榜样人物,激发员工的积极性和创造力。

执行力是一个持续改进的过程。企业要定期对执行过程进行评估和反思,总结经验教训,发现存在的问题和不足之处。在此基础上采取有效措施进行改进和优化,不断完善和提高执行力。同时,要关注行业发展趋势和市场变化，不断调整和完善战略规划与执行策略，以确保企业始终保持竞争优势，并实现可持续发展。

随着科技的飞速发展和商业模式的不断创新，企业执行力在未来将面临更多的挑战和机遇。为了适应未来的发展趋势，企业需要不断拓展对执行力的理解，并持续探索和实践新的执行方法。

数字化转型已经成为企业发展的必然趋势。通过数字化技术，企业可以更好地整合资源、优化流程、提高决策效率，从而提升执行力。企业需要积极拥抱数字化转型，利用大数据、云计算、人工智能等技术手段，推动执行力的升级。

未来的商业环境将更加复杂多变，企业需要具备敏捷的执行力，快速应对市场变化。通过敏捷的方法和思维，企业可以更好地调整战略、优化流程、快速响应市场，从而抓住市场机遇。

随着全球化进程的加速，企业需要具备全球视野和跨文化执行力。通过拓展国际市场和加强跨文化交流与合作，企业可以进一步提升自身的影响力和竞争力。同时，企业需要关注全球市场的多样性，尊重不同文化背景下的价值观和经营理念，以实现更加稳健的国际化发展。

执行力是一个持续进化的过程。企业需要培养员工的持续学习能力和自我进化意识，使员工能够不断适应变化、提升技能、创新思维，从而推动企业执行力的不断提升。

未来企业的执行力将更加注重生态合作与共享。企业需要与其他组织、合作伙伴建立紧密的合作关系，共同应对市场挑战、分享资源、创新发展。通过生态合作，企业可以拓展执行力的边界，实现更高效的资源整合和协同发展。

综上所述，执行力作为企业长期关注的主题将继续在企业的发展中发挥至关重要的作用。在未来的商业环境中，企业需要不断拓展对执行力的理解，探索和实践新的执行方法，以应对不断变化的市场挑战和机遇。

企业如何理解全员执行力

执行力，对于一个企业的成功起着至关重要的作用。但当谈到全员执行力时，其意义不仅仅是单个员工的能力或表现，更是一种企业文化和团队协作的体现。全员执行力，是指企业中每个员工都能理解并积极贯彻执行企业的战略、目标、政策和规章，确保企业高效运转，目标顺利实现。

要真正理解全员执行力，可以从以下几个方面深入探讨：

一是企业文化的影响。一个拥有健康企业文化的公司，其员工更有可能表现出高水平的执行力。这是因为企业文化鼓励员工承担责任、主动参与，并相信团队的力量。例如，谷歌公司的"20%自由时间"政策，允许工程师花费一部分时间在他们选择的项目上，这种创新和自由的文化激发了员工的积极性和创新精神，从而提高了整个公司的执行力。

二是明确的目标和期望。当每个员工都清楚公司的战略目标和期望时，他们可以更有效地执行任务，朝着共同的目标努力。如果目标和期望模糊不清，员工可能会迷失方向，执行力自然会受到影响。

三是有效的沟通。沟通是团队协作的基石。全员执行力要求企业内部的沟通渠道畅通，信息传递迅速准确。这样，当战略发生变化或遇到问题时，所有员工都能迅速作出反应，确保执行的高效性。

四是培训和发展的重要性。为了保持和提高员工的执行力，公司需要定期为员工提供培训和发展机会。这不仅可以提高员工的专业技能，还能增强他们对企业的归属感和忠诚度。

五是激励机制的运用。适当的奖励和激励可以激发员工的积极性，提高其执行力。除了物质奖励，非物质激励同样重要，如赞誉、晋升机会等。

六是领导的作用。一个好的领导者能够引导和激励团队，使每个成员都能发挥出最大的潜力。领导者的风格和策略对全员执行力的影响非常大。一个优秀的领导者应该懂得如何调动员工的积极性、如何分配资源、如何解决冲突,以确保团队的高效运转。

七是持续改进的精神。没有一种战略或政策是永恒的。随着市场环境的变化,企业需要不断地调整和改进。全员执行力意味着每个员工都有这种持续改进的意识,愿意不断地挑战旧的模式和方法,寻找更高效、更创新的解决方案。

八是团队合作的力量。全员执行力强调的是整个团队的合作和努力,而不是单个英雄的表演。每个员工都应该明白,他们的工作是整个流程的一部分,他们的成功依赖于团队的成功。在这样的文化中,员工更愿意分享知识、经验和资源,因为他们知道这有助于整个团队和公司的目标实现。

九是跨部门协作的支持。在现代企业中,许多项目和任务都需要跨部门协作。全员执行力要求打破部门壁垒,鼓励信息的自由流动和资源的共享。这样不仅可以提高工作效率,还可以培养员工的全局观和协同合作的能力。

十是反馈和评估的机制。为了确保全员执行力得到持续的提高和优化,企业需要建立有效的反馈和评估机制。员工应该能够提供关于策略、流程和工具的反馈,而管理层则需要对这些反馈进行评估和响应。同时,定期的绩效评估可以帮助员工了解他们的执行力和需要改进的地方。

星巴克，全球知名的咖啡连锁品牌，以其高品质的咖啡和独特的品牌体验而受到消费者的喜爱。然而，星巴克的成功不仅仅依赖于其优质的咖啡和独特的品牌文化，更在于其强大的全员执行力。

星巴克深知，要实现企业的战略目标，必须依靠每一位员工的努力和执行力。为了激发员工的积极性和创造力，星巴克采取了一系列有趣的措施。

有一次，星巴克的一位咖啡师在准备咖啡时不小心将一袋咖啡豆掉在了地上。他迅速捡起咖啡豆，并注意到豆子摔打后裂开了一条缝。出于好奇，他决定尝试用这些豆子制作咖啡。结果发现，这些摔打后的咖啡豆制作出的咖啡具有更加浓郁的口感和香气。于是，这位咖啡师便将这个发现报告给了上级，经公司研发团队进一步研究，最终开发出了一款新的咖啡产品，深受消费者喜爱。

这个案例展示了星巴克对全员执行力的重视和鼓励。首先，这位咖啡师具备了强烈的责任心和好奇心，能够在日常工作中发现问题并主动尝试解决。其次，星巴克鼓励员工在工作中发挥创造力和想象力，并提供了一个开放的环境让员工能够分享自己的想法和创意。最后，星巴克具备高效的团队协作和快速响应能力，能够对员工的发现进行快速研发和推广。

通过这个案例，我们可以看到星巴克的全员执行力不仅体现在日常的运营和服务中，更体现在企业的创新和品牌塑造上。正是这种强大的执行力，让星巴克能够在竞争激烈的咖啡市场脱颖而出，成为行业的佼佼者。

企业需要全员执行并得到成果

企业需要全员执行，即将执行力扩展到企业的每一个角落，强调每一个员工都要具备执行的能力和意愿。

首先，企业需要明确，全员执行力并不是高层的决策或管理者的命令，而是涉及每一个员工的日常工作和生活。每个员工都是企业的一分子，他们的行为、态度和执行能力直接影响着企业的整体表现。因此，培养和提高员工的执行力至关重要。

为了实现全员执行并取得成果，企业需要从多个方面进行努力。

首先，企业应明确各岗位的职责和工作要求，确保员工清楚地了解自己的工作任务和目标。这样员工才能有针对性地提高自己的执行力，以更好地完成工作。

其次，企业应提供系统的培训计划，帮助员工提升技能和知识水平。通过培训，员工可以学习到新的方法和技巧，提高自己的执行能力。

同时，企业还应建立有效的沟通机制，鼓励员工之间的信息交流和协作。这有助于员工更好地理解企业的战略目标，增强团队合作意识，促进信息的及时传递和问题的解决。

此外，合理的激励机制也是提高全员执行力的重要手段。企业应根据员工的绩效表现给予相应的奖励，激发员工的内在动力。同时，强调团队合作和共同目标的重要性，打破部门壁垒，促进部门间的协同合作。

最后，企业应持续改进和优化工作流程与管理制度。通过简化工作流程、消除冗余环节、优化资源配置等方式，降低内耗，提高工作效率。这有助于提升全员执行力水平，推动企业不断向前发展。

企业需要全员执行并得到成果，其背后有着深刻的经济学原理。

根据比较优势理论，全员执行是企业发展的必然。最早提出比较优势理论的是英国经济学家大卫·李嘉图，他指出每个国家或个体在生产不同产品时，都有其相对优势。即使一个国家在生产所有产品时都比另一个国家成本更高，但它仍然有可能从与其他国家的贸易中获益，只要它在生产某一种或某几种产品上具有相对优势。同样，这一理论也适用于企业中的员工。每个员工都有自己独特的技能、知识和经验，这些可能使他们在完成特定任务时具有相对优势。通过找到并发挥这些比较优势，员工可以更高效地完成任务，从而提高整个团队的执行力。

而根据微观经济学中的核心概念资源最优配置理论来看，如何将有限的资源分配到不同的生产活动中，以最大化总体产出，是企业发展的重点。这意味着在企业中，人力资源也应被视为一种资源，而员工的分配和调度应根据其能力和潜力进行优化。每个员工都有其擅长的领域和适合的岗位。通过合理配置这些资源，企业可以最大化员工的执行力，并提升整体效率。同时，合理的资源配置还有助于避免资源浪费和人员冗余，降低不必要的成本。

诺贝尔经济学奖获得者赫维茨还提出了激励机制理论，其中的激励相容理论，主要探讨在市场经济中如何设计制度和激励机制，从而使个体的自利行为能够与集体或社会的利益相一致。在企业中，这意味着激励机制的设计应该能够引导员工的行为与企业目标相一致。通过满足员工的个人利益诉求，可以激发他们的积极性和创造力，从而更好地执行任务。这种相容性可以通过奖励制度、晋升机制、培训计划等方式实现。当员工感到自己的努力和贡献能够得到公平的回报时，他们会更愿意投入到工作中，提高执行力。同时，激励相容理论也强调信息的对称性，即员工应该清楚地了解激励机制的内容和条件，以做出符合企业目标的决策。

根据上述经济学原理，可知企业需要全员执行，并取得成果。

举几个例子。

苹果公司以其简约、时尚的产品设计而著称，这背后离不开全员执行力。苹果的每一个产品，从 iPhone 到 MacBook，再到 iPad，都体现了团队对细节的极致追求和对用户体验的深度理解。这种全员执行力确保了苹果产品的品质和用户体验，也使其在全球范围内获得了巨大的成功。

特斯拉作为电动汽车行业的领军企业，其成功离不开全员执行力和创新精神。从设计到生产，再到销售和服务，特斯拉的每一个环节都体现了团队的高效协作和创新精神。例如，特斯拉的自动驾驶技术、电池技术和能源存储解决方案都是行业内的创新成果，这些成果的取得都离不开全体员工的努力和执行力。

阿里巴巴作为全球最大的电商平台之一，其成功的关键在于建立了一个完整的电商生态系统。在这个生态系统中，从卖家到买家，再到物流和支付等各个环节，都需要全员的高效执行和协作。阿里巴巴的成功表明，只有通过全员执行并得到成果，企业才能建立稳定的生态系统并实现可持续发展。

这些案例都表明了全员执行力在推动企业发展中的关键作用。无论是产品设计、技术创新还是生态系统建设，都需要全体员工的共同努力和高效执行。通过培养和提高员工的执行力，企业可以不断提升自身的竞争力和市场地位，实现可持续发展。

全员执行力就是企业核心竞争力

在当今竞争激烈的市场环境中，企业核心竞争力的重要性不言而喻。而全员执行力，正是这种核心竞争力的体现。它不仅关乎企业的日常运营，更关乎企业在面临挑战和机遇时的应对能力。全员执行力之所以是核心竞争力，主要有以下几个原因：

第一，确保战略的有效实施。

一个企业的战略，无论多么宏伟和有远见，如果不能得到有效执行，那么一切都是空谈。全员执行力意味着每一个员工都能深入理解企业的战略意图，并将其转化为日常的工作行动。这样，企业不仅能实现战略目标，还能在执行过程中积累宝贵的经验，进一步优化战略。

第二，提升工作效率与质量。

当员工都能按照既定的流程和标准执行任务，工作效率与质量自然就会得到提升。全员执行力意味着企业在各个层面都具备高效的工作模式，从高层决策到底层操作，都能够快速响应并完成任务。

第三，形成独特的企业文化。

一个有着强大的全员执行力的企业，其员工必然有着高度的责任感和使命感。这种正能量会逐渐形成独特的企业文化，吸引更多优秀的人才加入，从而进一步增强企业的核心竞争力。

富士康作为全球最大的电子产品制造商之一，其成功的关键就在于全员执行力的强大和严格的管理模式。公司通过对员工进行系统化的培训和教育，确保每个员工都具备高度的执行力和较强的技能。在生产过程中，富士康采用精细化的流程管理，以确保每个环节都能够高效运转。这种管理模式使得富士康能够快速响应市场需求，提高产品质量和降低成本。

Zara作为全球领先的快时尚品牌之一，其成功的关键在于全员执行力和高效的供应链管理。Zara通过与供应商和生产商的紧密合作，确保产品能够快速从设计到上架。同时，Zara注重门店员工的执行力，通过培训和激励措施，来确保员工能够准确地向顾客展示和推销产品。这种快速反应的供应链和执行力，使得Zara能够迅速抓住时尚潮流，满足市场需求。

辉瑞制药作为全球领先的制药企业之一，其成功的关键在于高度的全员执行力和严格的质量与合规标准。在药品研发和生产过程中，辉瑞制药也注重员工的培训和教育，来确保员工了解并遵循相关法规和标准。

同时，公司建立了完善的监督和审计机制，确保每个环节都能够符合要求。这种全员执行力和质量与合规标准，使得辉瑞制药能够生产出高质量的药品，从而赢得了市场的信任和口碑。

这些不同行业的例子表明，全员执行力就是企业核心竞争力。无论是制造业、零售业还是医疗行业，都需要建立起完善的培训、监督和激励机制，确保员工具备高度的执行力和责任感。只有这样，企业才能在激烈的市场竞争中脱颖而出，实现可持续发展。

影响企业执行的原因分析

当我们谈论全员执行力时，不得不思考一个问题：为什么有些企业即便拥有完美的战略和计划，却难以实现预期的成果？影响企业执行的原因有很多，下面我们将深入探讨其中的几个关键因素，看看这些"隐形杀手"是如何阻碍企业前进的。

"沟通是团队协作的基石。"然而，很多企业内部沟通并不畅通。部门间各自为政，信息的不共享，导致工作重复、资源浪费。更有甚者，上下级之间信息传递也不及时，导致决策失误。波音公司，作为全球知名的航空航天制造巨头，在其历史上就遭遇过因沟通不畅导致的执行不力问题，尤其是在其波音737 MAX系列飞机的推出过程中。

在2018年和2019年，波音737 MAX飞机接连发生了两起空难，造成了大量的人员伤亡。事后调查发现，这两起空难都与飞机的一个名为"MCAS"（机动特性增强系统）的防失速系统有关。这个系统在飞机迎角过大时会自动下压机头，以避免飞机失速。然而，在两次空难中，MCAS系统都错误地启动了，它让飞机机头下压，使得飞行员无法控制飞机，最终导致了空难。

进一步调查显示，波音公司在设计波音737 MAX飞机时，内部沟通存在严重问题。设计团队与飞行测试团队之间的沟通不足，导致MCAS系统的设计和实际飞行表现之间存在差异。飞行测试团队在测试过程中发现了MCAS系统存在的问题，但这些问题并没有被及时反馈给设计团队，也没有得到足够的重视和修复。

此外，波音公司在向航空公司和飞行员介绍波音737 MAX飞机时，也没有充分说明MCAS系统的存在和工作原理。这导致飞行员在紧急情况下无法正确应对MCAS系统的错误启动，最终导致了空难。

波音公司这一沟通不畅导致的执行不力问题，给其带来了巨大的经济损失和声誉损害。公司不得不暂停了波音737 MAX飞机的生产，并花费了大量时间和金钱来修复MCAS系统的问题，重新进行飞行测试和认证。同时,波音公司还面临多起诉讼和赔偿要求,其股价也大幅下跌。

这个案例充分说明了沟通不畅对企业执行力的负面影响。如果波音公司内部沟通更加顺畅,设计团队和飞行测试团队能够及时交流和解决问题,那么 MCAS 系统的问题可能就不会发生,或者至少不会造成如此严重的后果。

"目标是行动的指南。"然而,不少企业在设定目标时过于模糊,或者没有将目标分解到各个层级,导致员工在执行过程中迷失了方向。这就像是一场没有终点的赛跑,跑得再快也是徒劳。苹果公司在早期的发展过程中,就遭遇过目标设定模糊的问题,对其执行力和员工的方向感造成了一定的困扰。

在 20 世纪 90 年代初,苹果公司的产品线开始变得庞杂,公司试图进军多个领域,包括打印机、数码相机、掌上电脑(PDA)等。然而,在这一时期,苹果公司并没有明确其核心目标和战略方向,导致员工在执行过程中感到迷茫,不清楚公司到底想要成为什么样的企业。

由于目标模糊,苹果公司的资源被分散到多个领域,进而无法集中力量进行突破。这使得苹果在与微软等竞争对手的竞争中处于下风,市场份额不断下滑。

幸运的是,苹果公司在 1997 年请回了创始人乔布斯,并开始了大刀阔斧的改革。乔布斯明确了苹果公司的目标:成为一家专注于个人消费电子产品的企业，并将公司的资源集中投入到少数几个核心产品上，如iMac、iPod、iPhone等。

这一明确的目标设定使得苹果公司的执行力得到了极大的提升。员工们清楚了自己的工作方向，公司也得以集中力量进行研发和推广。最终，苹果凭借这些核心产品成功翻身，重新夺回了市场份额，并成为全球最具价值的科技企业。

这个案例表明，明确的目标设定对于企业的执行力至关重要。只有当企业明确了自己的目标和战略方向，员工才能在执行过程中有明确的方向感，企业的资源才能得到合理的利用，从而在激烈的市场竞争中脱颖而出。

"时间就是金钱。"然而，许多企业内部流程却冗长、烦琐，导致工作效率低下。审批流程、决策流程、报销流程等都可能成为阻碍执行力的瓶颈。谷歌公司，作为全球领先的科技巨头，在其发展过程中也曾面临过内部流程烦琐、工作效率低下的问题。

在早期，谷歌公司采用了一种高度自主的工作方式，鼓励员工自行决定工作的方向和方式。然而，随着公司规模的扩大，这种自由的工作方式导致它的内部流程变得冗长和烦琐。审批流程、决策流程、报销流程等都变得复杂，消耗了大量时间和资源。

举例来说，某团队需要申请购买一台服务器，但需要经过多层的审批和签字，流程复杂耗时。此外，由于内部沟通不畅，资源分配不合理，导致部分项目进展缓慢，而其他项目却面临资源短缺的问题。

为了解决这一问题，谷歌开始进行内部改革，优化内部流程。公司引入了集中采购制度，这就在简化审批和报销流程的同时，加强了跨部门之间的沟通和协作。此外，谷歌还建立了内部工具和平台，如 Google Docs 和 Google Sheets，以方便团队之间的信息共享和协作。

通过这些改革措施，谷歌公司的工作效率得到了显著提升。员工们不再被烦琐的流程所困扰，能够更加专注于项目的进展和创新。这使得谷歌在市场竞争中保持了领先地位，并取得了持续的成功。

这个案例表明，企业内部流程的优化对于提升执行力至关重要。只有通过简化流程、加强沟通和协作，企业才能提高工作效率、降低成本，并持续进行创新和发展。

"人往高处走。"员工需要动力去执行任务。如果企业没有合理的激励机制，或者激励机制不足，员工就可能失去执行的动力。这就像一辆没有油的汽车，再豪华也无法前行。通用电气（GE）是一家历史悠久的全球性企业，曾经以其卓越的管理和激励机制而闻名。然而，在近年来，GE 的激励机制遭到了质疑，并对其执行力产生了负面影响。

在过去的一段时间里，GE 采用了一种基于绩效的奖励制度，员工需要达到一定的业绩目标才能获得奖金和晋升机会。这种制度在一定时期内是有效的，激励了员工的工作积极性。

然而，随着时间的推移，这种激励机制的弊端逐渐显现。员工过分关注短期业绩，从而忽视了长期价值和创新。同时，各部门之间的竞争也在加剧，导致资源浪费和过度强调数字目标，而非实际贡献。

为了解决这一问题，GE开始重新审视其激励机制。公司引入了更多元化的激励方式，如员工持股计划、职业发展路径和领导力培训等。此外，GE开始更加注重员工的成长和满意度，为员工提供了更多的职业发展机会和福利待遇。

通过这些改革措施，GE的员工动力得到了显著提升。员工不再只是为了追求短期利益而工作，而是更加关注公司的长期价值和战略方向。这使得GE在市场竞争中保持了领先地位，并取得了持续的成功。

这个案例表明，合理的激励机制对于员工的执行力和工作动力至关重要。只有当企业提供多元化的激励方式、关注员工的成长和满意度，才能激发员工的创造力和忠诚度，从而提升企业的整体执行力。

"领导力是企业的灵魂。"一个企业的执行力往往与领导力息息相关。如果领导缺乏决断力、前瞻性或者对团队的支持不够，那么整个团队的执行力都会受到严重影响。史玉柱，中国企业家，以其在电脑、房地产和保健品行业的成就而闻名。然而，他的领导风格和决策曾对巨人集团的执行力产生了负面影响。

全员执行力
——上下同欲者胜

在巨人集团的发展初期,史玉柱凭借其前瞻性的市场洞察力和创新的产品,带领公司快速崛起。他的领导风格强调快速决策和执行,使得团队能够在短时间内实现目标。

然而,随着公司的扩张,史玉柱的领导风格开始显现出问题。他过于集权,对下属缺乏信任和授权,导致团队成员无法充分发挥自己的能力。同时,他在决策时过于冒险,忽视了风险控制,导致公司多次陷入危机。

在巨人集团的兴衰过程中,史玉柱的领导力问题导致了团队执行力的下降。虽然公司在某些领域仍然取得了成功,但整体上开始走下坡路。最终,史玉柱被迫退出巨人集团,公司也经历了重大的重组和变革。

这个案例表明,领导力对于企业的执行力至关重要。一个优秀的领导者应该具备前瞻性、决断力和对团队的支持,能够合理地分配权力和资源,以激发团队成员的潜力。只有这样,企业才能保证持续的发展和成功。

综上所述,企业执行不力往往并非单一原因所致,而是由多种因素共同作用的结果。为了提升全员执行力,企业需要深入分析这些原因,并针对性地采取措施加以改进。只有这样,才能确保战略和计划得以顺利实施,从而实现企业的长期发展目标。

第二章

全员执行力必要条件

全员执行力需要统一的思想

思想是行动的先导。在企业中,只有当全体员工拥有统一的思想,才能形成强大的执行力,实现企业的战略目标。统一的思想能够激发员工的内在动力,使他们为了共同的目标而努力奋斗。正如《孙子兵法》所言,"上下同欲者胜",只有上下一心,才能取得胜利。

从经济学的角度来看,统一的思想能够降低企业内部的交易成本。当员工之间拥有共同的价值观念和目标时,沟通成本、协调成本和决策成本都将大大降低,从而提高整个企业的运行效率。交易成本理论是经济学中的一个重要概念,由诺贝尔经济学奖得主科斯提出。该理论主要关注企业内部的交易成本和外部市场的交易成本之间的权衡。在企业内部,由于信息不对称、有限理性和机会主义行为等因素,会产生一系列的交易成本,如沟通成本、协调成本和决策成本等。如果企业内部员工之间拥有共同的价值观念和目标,就能够降低这些交易成本。

具体来说,共同的价值观念和目标,可以使员工之间更容易进行有效沟通，从而减少信息不对称的情况。员工之间的目标一致可以减少内部协调的成本，避免因利益冲突而产生的资源浪费。同时，统一的思想也有助于提高决策效率，减少在决策过程中因意见不一致而产生的成本。

因此，从经济学的角度来看，统一的思想能够降低企业内部的交易成本，提高企业的运行效率。这也是为什么许多成功的企业都强调企业文化和价值观建设的原因之一。通过建立共同的价值观和目标，企业可以更好地整合资源，提高整体执行力，从而在市场竞争中获得优势。

从管理学的角度来看，统一的思想有助于建立企业文化。企业文化是一个企业的灵魂，能够影响员工的行为和决策。当全体员工拥有统一的思想时，企业文化将得到加强，从而形成一种无形的凝聚力，使员工更加认同企业，愿意为企业的发展贡献自己的力量。企业文化理论强调企业文化对组织成员行为和决策的影响，认为企业文化是一个企业的核心竞争力和持久发展的驱动力。企业文化通常包括组织的使命、愿景、价值观、行为准则和符号等，这些因素共同构成了组织内部成员共享的信仰和行为规范。

具体来说，企业文化能够激发员工的归属感和忠诚度，使员工更加积极地投入到工作中，并提高工作效率和执行力。同时，强有力的企业文化还可以帮助组织成员更好地理解和遵循组织的使命和价值观，能够促进组织内部的沟通和协调，降低管理成本。

因此，从管理学的角度来看，统一的思想有助于建立企业文化，提高组织的执行力和竞争力。这也是许多成功的企业都注重企业文化的建设和传承的原因。

由此可知，统一的思想能够确保企业内部的目标一致性。在任何一个组织中，如果员工之间的目标不一致或价值观存在冲突，就会导致内部资源的浪费和效率的低下。而通过建立统一的思想，企业能够明确核心目标，使所有员工都朝着同一方向努力，避免内部资源的分散和浪费。

统一的思想有助于降低沟通成本。在工作中，员工之间的沟通是必不可少的。而如果员工之间的思想观念存在差异，就会增加沟通的难度和成本。当全体员工拥有统一的思想时，沟通将会变得更加顺畅，信息传递的效率也将会大大提高。这不仅能够减少沟通成本，还能够提高工作效率和执行力。

统一的思想有助于提高决策效率。在许多企业中，决策过程往往有着各种利益关系和意见分歧，使得决策效率低下。而当全体员工拥有统一的思想时，决策过程将更加迅速和高效。因为员工的价值观和目标一致，能够更快地达成共识，从而减少决策过程中的分歧和阻力。

统一的思想还有助于提高资源利用率。当企业内部思想观念一致时，资源的分配和使用将更加合理和高效。企业内部资源的合理配置是实现高效执行力的基础之一。而通过统一的思想，企业能够更好地整合资源，发挥资源的最大效用,从而提高企业的整体效益。

综上所述,全员执行力需要统一的思想。因此,企业管理者应该注重培养员工之间的共同思想,并加强企业文化建设,使所有员工都能够认同企业的使命和价值观,从而为企业的发展贡献自己的力量。

全员执行力需要一致的目标和愿望

一致的目标和愿望是推动企业全员执行力的核心动力。当员工对企业的目标和愿景有共同的认同感时,他们会更加积极地投入到工作中,为实现共同的目标而努力。这种内在的动力能够激发员工的创造力和执行力,从而为企业创造更大的价值。

3G资本成立于2004年,由"巴西三剑客"豪尔赫·保罗·雷曼(Jorge Paulo Lemann)、马塞尔·赫尔曼·泰列斯(Marcel Herrmann Telles)和卡洛斯·阿尔贝托·斯库彼拉(Carlos Alberto Sicupira)共同成立。他们被众人所知大多是因为其在2013年联手巴菲特,以280亿美金收购亨氏的食品业史上最大并购案。"三剑客"常霸巴西富豪榜前5名,奥利奥、百威啤酒、麦斯威尔咖啡、亨氏番茄酱等产品,都产自3G所收购的各大公司。

3G资本的前身是雷曼1971年收购的加伦蒂亚经纪公司，在这个阶段，有零售连锁领域和啤酒行业的经典案例，也有合伙人不断的新增与淘汰，GP投资的成立与出手；分分合合之后，最终成就"三剑客"。他们对"永续经营"这个主题拥有共同兴趣，并作为此生追求的永恒宗旨。

3G资本的创始人雷曼在1939年8月26日出生于巴西里约热内卢，是巴西瑞士移民之子。雷曼的父母在新教的环境中长大，非常信奉节俭和自律，这也是维持简单、朴素、健康的生活方式，不喝酒，每天锻炼，热衷网球的雷曼的思想基础。雷曼在哈佛攻读经济学时一度准备休学，但最后只花了三年时间就取得了学位。于20岁时完成了学业目标，毕业后进入一家里约热内卢的公司做南美市场股票销售员。但彼时巴西资本市场还处于萌芽阶段，因此他短暂辗转瑞士工作后又回到了巴西，在加入一家经纪公司后越做越大，但持股却没变，31岁时，雷曼想买下这家经纪公司，却被强行赶走，后来在阿道夫·让蒂尔的出资帮助下，收购了加伦蒂亚经纪公司。

泰列斯是3G资本联合创始人，他抱着发财梦闯荡金融界，在雷曼的公司从打杂小弟做起，毫无经验的他大胆接手濒临倒闭的啤酒厂布哈马，最后跨国收购百威，夺得全球最大啤酒品牌的经营权。

另外一位合伙人斯库彼拉加入雷曼一起创业后，自愿减薪九成离开银行，进入刚收购的破败企业美洲商店，刚一进入就开除了九成主管，仅仅六个月让公司价值翻了三倍。

3G资本的合伙人拥有共同的价值观，有着共同的目标和愿望：公司必须招聘优秀的人；维持精英体制；与精英们分享成功等。

3G资本在创业初期就确定了选材的核心标准PSD，即出身贫穷、非常聪明、有强烈的致富欲望的人。这一标准充分体现了3G资本对人才的独特理解和重视。

出身贫穷的人通常具有坚韧不拔的毅力和强烈的自我驱动力，因为他们深知生活的艰辛和不易，能更加珍惜机会并愿意付出努力去改变自己的命运。这种强烈的自我驱动力与3G资本的价值观相契合，因为公司相信只有具备强烈致富欲望的人才能不断追求卓越，为实现企业的目标而努力奋斗。

在员工入职之后，3G资本完全凭能力和贡献定绩效，不讲究入职时间、学历、背景等因素。这种公平的评估方式激发了员工的工作热情和创造力，使他们更加专注于提升自己的能力和贡献，而不是陷入人际关系的纷争和背景的比拼。这种工作环境也使得员工能够快速成长，并获得职业发展的机会。

最终，表现优秀的员工可以成为该公司的股东，这使得员工与企业的利益更加紧密地结合在一起。员工不仅为了自己的职业发展而努力，也为了企业的繁荣和成功而奋斗。这种共同的目标和愿望进一步增强了员工的归属感和忠诚度，使得3G资本在市场竞争中更具优势。

总的来说，3G资本通过PSD标准、公平的绩效评估和股权激励等措施，建立起了一支高素质、高效率、高执行力的团队。这种团队精神，共同的目标和愿望为企业的持续发展和竞争优势奠定了坚实的基础。

高层、中层、基层、部门一个都不能少

在团队构建中，高层、中层、基层和部门都被视为不可或缺的组成部分。他们各自扮演着独特的角色，共同为企业的发展和目标实现贡献力量。每个层级和部门在全员执行力中都有其重要作用。

高层领导在全员执行力中扮演着引领和决策的重要角色。他们是企业战略的制定者和执行的主导者，需要具备敏锐的市场洞察力和前瞻性的战略眼光。高层领导通过制定明确的发展目标和战略规划，为企业的前进指明方向。他们不仅是决策者，更是团队的领袖，通过自身的言行和决策影响着整个组织的发展。为了确保战略的有效实施，高层领导还需建立和维护一个高效的管理团队，并不断激发中层和基层员工的潜力，

推动整个组织朝着共同的目标努力。高层领导的核心任务是确保公司的战略与市场环境相匹配，并在团队中建立起共同的价值观和使命感，以驱动全员执行力。

中层管理者在全员执行力中起到桥梁和执行的作用。他们是连接高层领导与基层员工之间的纽带，负责将高层的战略意图转化为具体的执行计划，并确保这些计划能够得以顺利实施。中层管理者不仅要准确理解高层的决策意图，还要将其传达给基层员工，并指导员工有效地执行任务。在这个过程中，中层管理者发挥着至关重要的作用，他们需要具备良好的组织协调能力和人际沟通能力，以解决执行过程中可能出现的问题和冲突。同时，中层管理者还要具备优秀的团队管理能力，通过指导和激励团队成员，推动整个团队的工作效率和质量。中层管理者通过高效执行和精准沟通，来确保公司的战略得以顺利实施，并为公司创造更大的价值。

基层员工是企业日常运作中的基石，他们的主要职责是执行上级的指示和任务，确保工作的高效完成。基层员工需要具备扎实的专业知识和技能，要能够熟练地完成自己的工作任务。同时，他们还需要具备良好的团队合作意识和职业道德素养，要能够与其他员工协同工作，共同推进任务的完成。为了提高工作效率和质量，基层员工还需要不断学习和提升自己的技能水平，以适应不断变化的市场需求和企业发展。基层员工通过高效的执行和良好的团队合作，来确保公司的日常运作顺利进行，为实现公司的长期目标奠定坚实的基础。

在企业中，各个部门都有其特定的职责和功能，但往往又需要与其他部门密切合作、协同工作。只有各部门之间建立起良好的合作关系，才能实现企业整体的高效运作。各部门之间的合作是企业成功的关键因素之一。为了实现各部门之间的顺畅沟通与协作，企业需要建立起一套有效的沟通机制和流程。这包括定期召开部门会议、加强跨部门的信息共享、建立共同的目标和价值观等措施。通过这些措施，各部门可以更好地理解其他部门的运作方式和需求，共同解决问题和应对挑战。同时，企业还需要鼓励员工发展多方面的技能和知识，以增强他们在不同部门之间的流动性，来进一步促进部门之间的交流与合作。这种合作与共赢的精神有助于提高企业的整体效率和竞争力，为实现企业的目标提供有力支持。

总之，高层领导、中层管理、基层员工和部门协同是全员具有高执行力的重要条件。在3G资本的团队构建中，每个层级和部门都能发挥独特的作用，共同为实现企业的目标和发展愿景贡献力量。为了提高全员执行力，企业需要注重团队建设、内部沟通和协作机制的完善。通过激发每个员工的潜力、促进部门之间的合作与共赢、强化企业的整体竞争力，企业可以更好地应对市场挑战并取得长远发展。

全员执行力需要清晰的企业文化导向

在团队构建中,清晰的企业文化导向对于全员执行力的提升具有至关重要的作用。企业文化是一种无形的力量,它能够激发员工的归属感和使命感,引导他们为企业的发展目标而努力奋斗。为了实现全员执行力,企业需要建立起清晰、独特且富有吸引力的企业文化,并将其贯穿于日常的运营和管理中。

在全员执行力中,共同价值观的塑造是至关重要的。企业需要明确自身的价值观,并确保员工对其有深刻的理解和认同。价值观的传递不仅要在招聘过程中进行筛选,还需要在日常工作中不断强化和巩固。通过培养员工对企业价值观的认同,企业可以建立起一个团结、积极向上的工作氛围,从而提升全员执行力。

使命感是激发员工内在动力的重要因素。企业需要为员工提供明确的工作目标和意义,使他们意识到自己的工作对于企业乃至整个社会的重要性。通过培育员工的使命感,企业可以激发员工的责任心和奉献精神，使他们能够更加积极地投身于工作中，为实现企业的目标贡献自己的力量。

诚信与正直是企业文化的基石。在全员执行力中，企业需要建立起一种诚信正直的文化氛围，鼓励员工言行一致、遵守道德规范。通过树立诚信正直的榜样，企业可以建立起员工的信任和忠诚度，并增强团队的凝聚力和战斗力。同时，诚信正直的企业文化也有助于提升企业的声誉和形象，为企业的长期发展奠定了坚实的基础。

在不断变化的市场环境中，企业需要保持持续创新与学习的精神，以应对各种挑战和机遇。通过鼓励员工不断探索新的思路和方法，企业可以提升自身的竞争力并创造更大的价值。同时，创新与学习的精神也有助于激发员工的创造力和潜能，促进个人与企业的共同成长。

团队协作与沟通是全员执行力的重要保障。企业需要建立起良好的沟通机制和合作氛围，并鼓励员工之间的交流与合作。通过团队协作，企业可以整合资源、提高工作效率，并创造出更大的价值。同时，良好的沟通机制也有助于解决工作中遇到的问题和冲突，增强团队的凝聚力和向心力。

员工的成长与发展是提升全员执行力的重要支撑。企业需要关注员工的职业规划和个人发展，为他们提供学习和成长的机会。通过培训、晋升和激励等措施，企业可以激发员工的积极性和创造力，从而促进他们的发展和进步。同时，关注员工成长也有助于企业吸引和留住优秀人才，进一步提升全员执行力。

综上所述，清晰的企业文化导向对于全员执行力的提升具有重要意义。在团队构建中，企业需要注重共同价值观的塑造、使命感的培育、诚信正直的践行、持续创新与学习的精神、团队协作与沟通以及员工成长与发展等方面。通过建立起独特且富有吸引力的企业文化，企业可以激发员工的归属感和使命感，引导他们为实现企业的目标而努力奋斗。这将有助于提升企业的整体竞争力和长期发展潜力。

第三章

全员执行力八大思维准则

服从思维——规则至上

在企业管理中，执行力是战略落地和目标实现的关键因素，而"服从思维——规则至上"则是高效执行团队的首要准则。它强调员工必须无条件地服从既定的规则和制度，以确保企业整体有序且高效运行。这种思维方式不仅基于实际管理经验，而且有着成熟的经济学和管理学原理支撑。

制度经济学强调制度在经济发展中的重要作用。制度，包括正式规则（如法律、规章）和非正式规则（如习俗、文化），对个体和组织行为起到指导和约束作用。在企业内部，规章制度就是这些正式规则的具体体现，它们指导着员工如何行动，并能够减少决策的不确定性和风险。

交易成本理论则认为，在市场中进行交易时会产生一系列成本，包括信息收集成本、谈判成本、监督和执行成本等。在企业内部，这些成本同样存在。有效的规章制度可以降低内部交易成本，提高决策效率和执行力。例如，明确的职责划分和流程规范可以减少沟通成本和时间浪费，使员工能够快速做出决策并采取行动。

科学管理理论强调通过制定标准化的工作流程和规范来提高生产效率。这一理论主张对员工进行培训和监督，以确保他们按照既定的方法完成工作。在服从思维中，科学管理理论的应用体现在员工对规则和制度的严格遵守上，这有助于提高员工的工作效率和质量。

组织行为学研究个体和群体在组织中的行为及其影响因素。它关注如何激发员工的积极性、提高团队协作效率等问题。在服从思维的培养中，组织行为学的原理告诉我们，只有当员工认同并接受组织的价值观和目标时，他们才会真心实意地遵守规章制度并为之努力。因此，管理者需要通过沟通、激励等方式来增强员工的组织认同感和归属感。

"服从思维——规则至上"是全员执行力八大思维准则中的第一环。它基于制度经济学、交易成本理论，以及科学管理理论和组织行为学等经济学和管理学原理，强调员工必须无条件地服从既定的规则和制度，以确保企业整体有序且高效运行。通过制定科学合理的规章制度、加强员工培训和激励，以及持续监督和执行等措施可以有效培养员工的服从思维，从而提高全员执行力和企业整体绩效。

华为公司以其严格的管理制度和高效的执行力而著称。在华为，服从思维被视为企业文化的重要组成部分。员工被要求严格遵守公司的规章制度和业务流程，以确保工作的标准化和高效化。

例如，在华为的研发团队中，每个成员都必须按照既定的开发流程和标准进行工作。这些流程和标准不仅确保了产品质量和安全，还提高了开发效率。即使面对紧迫的项目交付期限，研发团队的成员也必须遵守这些规则，不得擅自更改或省略任何步骤。这种对规则的严格遵守和服从思维使得华为能够持续推出高质量的产品，并在全球市场上保持竞争优势。

此外，华为的销售团队也体现了服从思维的重要性。华为的销售人员必须按照公司的销售策略和价格体系进行销售活动，不得擅自降价或提供额外的折扣。这种对销售规则的严格遵守确保了公司的利润最大化和对市场秩序的维护。

通过这些案例可以看出，华为公司的服从文化不仅提高了工作效率和质量，还增强了组织的凝聚力和执行力。员工深刻理解并认同公司的价值观和目标，他们愿意遵守规章制度并为之努力。这种服从思维为华为的成功奠定了坚实的基础。

丰田汽车公司是全球知名的汽车制造商，以其精益求精的生产方式和卓越的产品质量而闻名。在丰田的生产线上，服从思维被发挥到了极致，每个员工都必须严格遵守生产纪律和标准操作程序（SOP）。

首先，丰田汽车的生产线被设计成高度标准化的流程，每个员工都明确自己的职责和操作规范。员工必须按照既定的步骤和时间节点完成工作，不得擅自更改或省略任何环节。这种对生产规则的严格遵守确保了产品质量和生产效率。

其次，丰田汽车注重员工培训和教育，使员工能够充分理解并认同公司的价值观和目标。通过持续的教育和培训，员工逐渐形成了服从思维，并将遵守规章制度视为自己的职责和义务。这种文化氛围使得丰田汽车的生产线能够高效、稳定地运行。

最后，丰田汽车还建立了严格的监督和执行机制，对违反规章制度的行为进行及时纠正和处理。这种对规则的严格执行和维护，进一步强化了员工的服从思维，使得丰田汽车的生产纪律得以长期保持。

通过丰田汽车的案例可以看出，服从思维在企业管理中的重要性不言而喻。它不仅能够提高生产效率和产品质量，还能够增强组织的凝聚力和执行力。员工将遵守规章制度视为自己的职责和义务，愿意为企业的发展贡献自己的力量。这种服从文化为丰田汽车的成功奠定了坚实的基础。

专注思维——锁定重点

在快速变化的市场环境中，企业要想保持竞争优势，就必须具备高效的执行力。而"专注思维——锁定重点"则是提升全员执行力的关键要素之一。它要求员工在执行任务时，能够集中精力、锁定重点，并确保高效完成任务。这一思维准则同样有着成熟的经济学理论和管理学理论支撑，并在众多企业中得到了成功应用。

经济学中的稀缺性原理指出，资源是有限的，而需求是无限的。因此，在面对众多选择时，企业必须做出决策，将有限的资源投入到最重要的领域。专注思维正是基于这一原理，要求企业在执行任务时，能够明确重点、合理分配资源，确保实现最大的经济效益。

同时，目标管理理论强调，企业必须设定明确、可衡量的目标，并指导员工为实现这些目标而努力。而优先级划分则是确保员工在执行任务时，能够先完成重要且紧急的任务。专注思维正是这些管理理论的实践应用，它要求员工在执行任务时，要能够锁定重点、分清主次，并确保高效完成任务。

谷歌作为全球科技巨头之一，其成功在很大程度上归功于其专注的思维方式。在创立初期，谷歌就明确了自己的使命："整合全球信息，使人人皆可访问并从中受益。"为了实现这一使命，谷歌始终专注于搜索引擎技术的研发和优化。

面对互联网行业的快速变化和竞争压力，谷歌始终坚守自己的核心业务——搜索引擎。它不断优化算法、提升搜索速度和准确性，来为用户提供更好的搜索体验。同时，谷歌也积极拓展与核心业务相关的领域，如广告、地图、云计算等，但这些拓展都是基于其强大的搜索技术进行的。

这种专注的思维方式使得谷歌能够在激烈的竞争中保持领先地位，并持续创新。它不仅为用户提供了优质的产品和服务，还为企业创造了巨大的商业价值。谷歌的成功充分证明了专注思维在企业管理中的重要作用。

字节跳动是一家凭借算法和内容分发技术迅速崛起的企业。在众多互联网公司中，字节跳动以其对内容的深度理解和精准分发能力脱颖而出。公司专注于为用户提供个性化的内容推荐，并不断优化其算法，以确保用户能够在海量信息中快速找到自己感兴趣的内容。无论是今日头条的新闻推送，还是抖音的短视频推荐，都体现了字节跳动在内容领域的专注和创新。这种专注不仅提升了用户体验，也为字节跳动带来了巨大的商业价值。

Shein 是一家全球领先的在线快时尚公司，以快速响应市场趋势、丰富的款式选择和高效的供应链管理而著称。Shein 专注于快时尚领域，通过深度洞察消费者需求和市场趋势，迅速将流行元素融入产品设计，并以极快的速度将产品推向市场。同时，Shein 还建立了高效的供应链管理系统，确保产品质量和交货时间的稳定。这种对快时尚和供应链的专注使得 Shein 能够在竞争激烈的时尚市场中脱颖而出，成为全球消费者喜爱的品牌之一。

综上所述，"专注思维——锁定重点"是提升全员执行力的关键要素之一。它基于经济学理论和管理学理论支撑，要求企业在执行任务时能够集中精力、锁定重点。通过上述三个经典案例可以看出，专注思维对于企业的成功至关重要。未来随着市场竞争的不断加剧和企业管理的持续创新，这一思维准则将继续发挥重要作用，推动企业不断向前发展，并创造更大的商业价值。

简约思维——大道至简

在快速变化的时代背景下,简约思维已成为企业管理中的重要准则。它强调将复杂的问题简单化,去除冗余和繁杂,直击问题的核心。这种思维方式不仅有助于提升工作效率,还能帮助企业更好地应对市场变化和挑战。

简约思维的核心在于"大道至简",即将复杂的事物还原到其最本质、最简单的状态。在企业管理中,这意味着要简化流程、优化组织结构、明确目标和责任,以及去除不必要的烦琐和浪费。通过简约思维,企业可以更加高效地运作,可以更快速响应市场变化,从而抓住发展机遇。

经济学认为资源是有限的,而需求是无限的。简约思维正是基于这一原理,强调企业要在有限的资源下,通过简化流程和去除浪费,实现资源的优化配置,从而达到最大的经济效益。

简约思维要求企业在决策时考虑成本效益,即投入与产出的比例。

通过简化流程和优化组织结构，企业可以降低运营成本，提高工作效率，从而实现更高的成本效益。

管理学中的流程优化理论强调通过分析和改进工作流程，提高工作效率和质量。简约思维正是流程优化理论的实践应用，它要求企业不断审视和简化工作流程，去除冗余环节，让工作变得更加高效。

现代管理学提倡组织扁平化，即减少管理层级，加快决策速度，提高组织的灵活性和响应能力。简约思维倡导的优化组织结构正是基于这一原理，通过减少层级和官僚主义，来激发员工的创造力和协作精神。

管理学中的目标管理强调设定明确、可衡量的目标，并通过有效的沟通和协作实现这些目标。简约思维要求企业明确目标和责任，确保各项工作能够有序推进，从而达成预期目标。

综上所述，简约思维在经济学和管理学中有着深厚的理论基础。通过应用这些原理，企业可以更加高效地运作，可以更快速响应市场变化，从而抓住发展机遇，实现持续稳健的发展。

简约思维在企业管理中的应用主要体现在：

一是简化流程。企业应审视现有流程，去除冗余环节和不必要的审批，让流程更加简洁高效。简化流程有助于提升工作效率，降低运营成本，并增强企业的市场竞争力。

二是优化组织结构。简约思维要求企业建立扁平化、灵活的组织结构，这就要减少层级和官僚主义，以加快决策速度。这样的组织结构有助于激发员工的创造力和协作精神，提升企业的整体执行力。

三是明确目标和责任。企业应设定清晰、明确的目标，并将责任落实到具体个人或团队。这有助于避免目标模糊、责任推诿的现象，并确保各项工作能够有序推进。

四是去除烦琐和浪费。简约思维强调去除一切不必要的烦琐和浪费，包括时间、资源、人力等。企业应关注核心业务和关键环节，将有限的资源投入到最能产生价值的地方。

Spotify是一家全球知名的音乐流媒体服务提供商，其成功在很大程度上就归功于它对简约思维的应用。面对复杂的音乐市场和用户需求，Spotify始终专注于提供简单、直观的音乐播放体验。它的界面设计简洁明了，使用户可以轻松找到自己喜欢的歌曲或歌手；同时，Spotify还通过智能推荐算法为用户推荐符合其口味的音乐，这就进一步简化了用户的选择过程。这种简约的思维方式不仅提升了用户体验，也为Spotify赢得了广泛的市场认可。

简约思维作为一种重要的管理准则，对于提升企业的执行力和市场竞争力具有重要意义。通过简化流程、优化组织结构、明确目标和责任以及去除烦琐和浪费，企业可以更加高效地运作，从而快速响应市场变化。未来随着技术的不断进步和市场竞争的加剧，简约思维将继续在企业管理中发挥重要作用，推动企业不断向前。

冠军思维——聚焦能量

在激烈的商业竞争中，冠军思维强调将有限的资源和精力聚焦于关键领域，以达到超越竞争对手、取得市场领导地位的目标。这种思维方式要求企业明确自身的核心竞争力，并在此基础上集中优势兵力，实现单点突破。

在经济学中，比较优势原理指出，每个经济主体（国家、企业或个人）都应在自己具有相对优势的领域进行专业化生产和交换。这一原理同样适用于企业管理。企业应识别自身的比较优势，即那些相对于竞争对手更具优势的业务领域，并将资源和精力集中于这些领域，以实现更高的经济效益。

冠军思维还体现了资源优化配置原理。在资源有限的情况下，企业应将资源分配给最能够创造价值的领域。通过聚焦关键领域，企业可以实现资源的最大化利用，提高整体运营效率和市场竞争力。

管理学中的核心竞争力理论认为，企业应培育和发展自身独特的、难以被竞争对手模仿的能力。冠军思维正是基于这一理论，要求企业明确自身的核心竞争力，并围绕这些能力构建业务体系，以实现持续竞争优势。

同时，管理学中有一个经典的 80/20 法则，又称帕累托法则，这一法则指出，在许多情况下，大约 80% 的效益往往来自 20% 的原因。在企业管理中，这意味着企业应聚焦于那些能够带来最大效益的关键领域，即那些"20%"的业务或客户。通过集中资源和精力，企业可以实现更高的投资回报率。

SpaceX 是一家由埃隆·马斯克创立的新兴太空技术公司。在众多太空探索项目中，SpaceX 选择聚焦于可重复使用火箭技术的研发。这一领域的突破对于降低太空探索成本、提高发射频率具有重要意义。通过集中资源和精力，SpaceX 成功开发出了猎鹰重型火箭和星舟火箭等可重复使用的火箭，并在商业发射市场上取得了显著成功。这种聚焦策略不仅使 SpaceX 在太空探索领域取得了领先地位，还为公司带来了可观的商业回报。

Oculus 是一家专注于虚拟现实（VR）技术研发的新兴企业。在虚拟现实领域，Oculus 选择聚焦于消费者市场的开发，致力于为用户带来沉浸式的虚拟现实体验。通过不断创新和优化，Oculus 推出了多款受欢迎的 VR 头显产品，如 Oculus Rift 和 Oculus Quest 等。这些产品不仅在游戏和娱乐领域取得了巨大成功，还在教育、医疗等领域展现出了巨大的应用潜力。Oculus 的聚焦策略使其在虚拟现实市场上建立了强大的品牌影响力，并推动了整个行业的发展。

这两个案例都体现了经济学原理中的比较优势原理和资源优化配置原理。SpaceX 和 Oculus 都选择了自身具有相对优势的领域进行聚焦，通过集中资源和精力实现了单点突破。同时，它们也注重资源的优化配置，来确保有限的资源能够用于最能够创造价值的领域。

从管理学的角度来看，这两个案例也符合核心竞争力理论和 80/20 法则。SpaceX 和 Oculus 都明确了自身的核心竞争力，并围绕这些能力构建了业务体系。同时，它们也因为聚焦于那些能够带来最大收益的关键领域，实现了高效的投资回报。

通过以上两个新兴企业的案例，我们可以看到冠军思维在企业管理中的重要性和实践价值。无论是 SpaceX 在太空探索领域的聚焦，还是 Oculus 在虚拟现实市场的突破，都体现了冠军思维的核心要义。未来随着技术的不断进步和市场的不断变化，企业需要更加深入地理解和应用冠军思维，以应对各种挑战和机遇，实现持续稳健发展。

极致思维——做到更好

在追求卓越的道路上,极致思维是一种不可或缺的思维方式。它要求企业不断挑战自我,超越现状,力求在每一个细节上都做到最好。这种思维方式不仅有助于提升产品和服务的质量,还能够增强企业的竞争力和品牌影响力。

极致思维是一种追求卓越、不断完善的思维方式。它要求企业在产品设计、生产、销售等各个环节都力求做到最好,不断挑战行业标准和自我极限。这种思维方式强调对细节的极致追求,通过注重用户体验和反馈,以实现产品和服务的持续优化。

那么如何利用极致思维做到更好呢?

一是设定高标准。企业应设定明确、具有挑战性的目标,并为员工提供必要的培训和支持,以帮助他们达到这些目标。

二是持续改进。企业应建立一种持续改进的文化,鼓励员工积极提出改进意见,并对这些意见进行认真分析和实施。

三是注重细节。在产品和服务的设计、生产和交付过程中，企业应注重每一个细节，确保每一个环节都达到最高标准。

四是用户至上。企业应密切关注用户需求和市场变化，及时调整产品和服务策略，以满足用户期望和需求。

极致思维是一种追求卓越、不断完善的思维方式，对于提升产品和服务质量、增强企业竞争力具有重要意义。通过设定高标准、持续改进、注重细节和用户至上等管理学方法，企业可以在实践中应用极致思维并取得成功。未来随着市场竞争的加剧和消费者需求的多样化，企业需要更加深入地理解和应用极致思维，以不断挑战自我、超越现状，并实现持续稳健的发展。

迪士尼乐园是全球知名的主题公园品牌，以其独特的梦幻体验和极致的服务质量而闻名于世。迪士尼在创建和运营乐园的过程中，极致思维贯穿着整个流程。

首先，在产品设计方面，迪士尼乐园注重每一个细节的打造。从游乐设施的创意设计到公园景观的精心布置，从角色扮演到特效制作，迪士尼都力求为游客呈现一个完美的梦幻世界。这种对细节的极致追求，使得游客在迪士尼乐园中能够享受到前所未有的沉浸式体验。

其次，在服务质量方面，迪士尼乐园也堪称业界楷模。员工都是经过严格培训和选拔的，他们始终以微笑和热情为游客提供优质服务。同时，迪士尼还建立了完善的客户反馈机制，及时收集和处理游客的意见和建议，以不断优化服务流程和提升游客满意度。

迪士尼乐园的成功，正是极致思维在企业管理中的典范。通过不断追求卓越和完美，迪士尼为游客创造了一个充满梦幻和欢乐的乐园。

宜家家居是全球知名的家居零售商，以其独特的购物体验、优质且价格合理的产品而受到消费者的喜爱。宜家家居的成功在很大程度上源于其对极致思维的应用。

在产品设计方面，宜家追求极致的实用性与美观性。公司拥有一支庞大的设计团队，致力于研发符合现代生活方式的家居产品。无论是家具、灯具还是家居饰品，宜家都非常注重它们的细节和功能，力求为消费者提供舒适、实用的家居生活。

在购物体验方面，宜家也做到了极致。公司采用自助式的购物方式，能让消费者在宽敞、明亮的展厅中自由挑选产品，体验家的感觉。同时，宜家还提供详细的产品信息和展示，能帮助消费者更好地了解产品特点和用途。此外，宜家的价格策略也体现了极致思维，通过提供价格合理且质量上乘的产品，满足了广大消费者的需求。

在服务方面，宜家同样贯彻了极致思维。公司给顾客提供了完善的售后服务，包括产品安装、维修和退换货等，确保消费者在购买和使用过程中的权益能够得到充分保障。同时，宜家还注重与消费者的互动和沟通，通过线上线下的多渠道服务，及时解决消费者的问题和需求。

宜家家居的成功经验表明，只有将极致思维贯穿于产品设计、购物体验和服务等各个方面，才能为消费者提供卓越的购买体验。通过不断追求卓越和完美，宜家家居赢得了消费者的信任和忠诚，成为家居零售行业的佼佼者。

迭代思维——创新迭代

在追求企业卓越执行力的过程中，迭代思维扮演着至关重要的角色。全员执行力的提升，不仅仅要求员工高效、准确地完成任务，更要求员工具备在快速变化的环境中不断创新和迭代的能力。

迭代思维的核心在于强调在执行过程中不断试错、反馈、调整和优化。它要求员工敢于面对挑战，勇于尝试新的方法和策略，并在实践中不断总结经验教训，持续改进。通过迭代，企业能够更快速地适应市场变化，更精准地满足客户需求，从而在竞争中占据有利地位。

迭代思维在全员执行力中的应用：

一是鼓励尝试与反馈。企业应建立一种鼓励员工尝试新事物的文化，员工即使失败了也不应受到指责。同时，应建立完善的反馈机制，确保员工的建议和想法能够及时传达到管理层，为持续改进提供有力支持。

二是小步快跑，快速迭代。在执行过程中，不要追求完美，而应该追求快速进步。通过小步快跑的方式，不断试错、调整和优化，逐步实现目标。这种快速迭代的方法有助于企业在快速变化的市场中保持敏锐和灵活。

三是数据与结果导向。在迭代过程中，要重视数据和结果的分析。通过对执行结果的定量评估，可以更清晰地了解哪些方法有效，哪些方法需要改进。数据驱动的决策有助于提升迭代的效率和准确性。

四是提供培训和支持。企业应定期为员工提供关于迭代思维、创新方法和问题解决技巧的培训。同时，要为员工提供必要的资源和支持，以帮助他们在实际工作中应用迭代思维。

五是激励与认可。对于在执行过程中表现出色、勇于尝试和创新的员工，企业应给予及时的激励和认可。这不仅可以增强员工的归属感和满足感，还可以进一步激发他们的创新潜力。

六是营造学习氛围。企业应营造出一种积极的学习氛围，鼓励员工之间分享经验、交流想法。通过定期的团队建设活动、研讨会等形式，促进员工之间的知识共享和思维碰撞。

迭代思维是全员执行力提升的关键思维准则之一。它要求员工在执行过程中敢于尝试、勇于创新，并通过不断试错和反馈来实现持续改进和创新。只有这样，企业才能在竞争激烈的市场环境中立于不败之地。因此，企业应致力于培养员工的迭代思维能力，为他们提供必要的支持和激励，共同推动全员执行力的不断提升，创新迭代。

微信支付是中国受欢迎的移动支付方式之一，其成功在很大程度上归功于其持续迭代升级的功能和服务。微信支付团队密切关注用户需求和市场趋势，通过不断引入新功能，提高支付安全性和便捷性来增强用户体验。例如，他们引入了面部识别支付、跨境支付等功能，以满足用户不断变化的需求。这种迭代思维使微信支付能够在竞争激烈的支付市场中保持领先地位。

小米手机通过积极的用户社区和持续的用户反馈机制，实现了产品的快速迭代。公司重视用户的声音，将用户反馈转化为具体的产品改进计划。无论是软件优化、硬件升级还是新功能的引入，小米手机都展示出了迭代思维在提升用户体验和满足用户需求方面的有效性。

京东物流通过持续的迭代升级，不断优化其智能物流系统。他们利用大数据、人工智能等技术，对物流路径、配送效率进行持续优化，提高了物流的准确性和时效性。同时，京东物流还注重收集一线员工和客户的反馈，针对实际问题进行迭代改进，以确保物流服务的高质量。

佳能作为一家知名的相机制造商，通过不断的迭代创新，提升了用户的摄影体验。他们不仅关注相机的硬件性能，还注重软件功能和用户体验的优化。通过收集摄影师和普通用户的反馈，佳能不断迭代改进其相机产品，为用户提供更出色的成像质量、更便捷的操作界面和更丰富的拍摄功能。

这些案例表明，无论是在手机制造、物流还是相机制造行业，迭代思维都是推动产品持续进步和满足用户需求的关键。通过收集反馈、应用新技术和持续优化，企业能够不断提升自身的竞争力，并赢得用户的认可。

狼性思维——破釜沉舟

在全员执行力的八大思维准则中，狼性思维，尤其是其"破釜沉舟"的精神，是提升团队整体执行效果的关键要素。这种思维方式强调在执行任务时，团队成员需要像狼一样敏锐、果断，并且不留后路，全力以赴。

狼在自然界中以敏锐的洞察力和快速的决策能力而著称。同样，在企业中，团队成员也需要拥有这种能力。面对复杂多变的市场环境和竞争态势，团队成员必须能够迅速捕捉信息，准确判断形势，并果断做出决策。这种敏锐和果断是狼性思维的核心，也是提升全员执行力的基础。

"破釜沉舟"意味着在执行任务时，团队成员必须摒弃一切杂念和顾虑，全身心地投入到工作中。这种精神要求团队成员在执行过程中不留后路，不给自己找任何借口或退路，因为只有全力以赴，才能确保任务的顺利完成。这种决心和勇气会激发团队成员的潜能，让他们在面临困难和挑战时更加坚定和勇敢。

狼性思维还强调团队协作的重要性。在狼群中，每只狼都明白自己的角色和任务，它们相互协作，共同进退。同样，在企业中，团队成员也需要相互支持、密切配合，共同面对挑战和困难。只有形成紧密的团队协作关系，才能确保全员执行力的有效提升。

要在企业中培养狼性思维，首先需要营造鼓励创新、敢于挑战的企业氛围。企业领导者应该激发团队成员的斗志和创造力，鼓励他们勇于尝试、敢于担当。同时，需要建立一套合理的激励机制和考核机制，让团队成员在执行任务时，既有动力，又有压力。

总之，狼性思维中的"破釜沉舟"精神是提升全员执行力的重要思维准则之一。通过培养团队成员的敏锐洞察力、果断决策能力、不留后路的勇气和团队协作精神，可以显著提升企业的整体执行效果和市场竞争力。

拼多多在社交电商领域的成功，就体现了狼性思维中的"破釜沉舟"精神。面对已经饱和的电商市场，拼多多没有选择与传统电商巨头正面竞争，而是另辟蹊径，通过社交裂变的方式快速吸引用户。他们不断优化平台功能和服务，提高用户体验，最终成为社交电商领域的佼佼者。这种敢于打破常规、勇于尝试的精神，正是狼性思维中"破釜沉舟"的体现。

蔚来汽车在进入新能源汽车市场时，面临着巨大的竞争压力和资金困境。然而，他们没有被这些困难吓倒，而是选择了"破釜沉舟"，全力以赴地投入到产品研发和市场推广中。他们不仅成功推出了多款受市场欢迎的电动汽车，还通过创新的服务模式，如换电站网络的建设，为用户提供了全新的体验。这种不留后路、勇往直前的精神，帮助蔚来汽车在新能源汽车市场中脱颖而出。

B站在成立初期，专注于二次元文化的传播和分享，因此面临着用户群体狭窄、商业模式不清晰等挑战。然而，B站没有选择放弃或转向其他领域，而是坚定地深耕二次元文化市场，通过不断优化用户体验、丰富内容生态和拓展商业模式，逐渐吸引了越来越多的用户和广告商。这种对二次元文化的执着追求和"破釜沉舟"的精神，让B站在激烈的市场竞争中站稳了脚跟，并成为二次元文化代表性平台之一。

这些案例证明了狼性思维中"破釜沉舟"精神在推动企业发展中的

重要性。无论是拼多多还是二次元文化领域，只有敢于挑战、勇于尝试并全力以赴的企业，才能在市场竞争中脱颖而出并取得成功。

效率思维——重在当下

在全员执行力的提升过程中，效率思维是至关重要的一环。它要求团队成员在执行任务时，能够迅速响应并能够高效完成，以确保每一项工作都能在最短的时间内达到预期效果。效率思维的核心在于"重在当下"，即把握住每一个现在，全身心投入到工作中，实现时间和效益的最大化。

理解效率的真正含义。效率并不仅仅意味着快速完成任务，更重要的是在保证质量的前提下，以最短的时间和最少的资源投入完成任务。因此，团队成员需要树立正确的效率观念，明确效率与质量、速度之间的辩证关系，做到既快又好。

强化时间管理。时间是有限的资源，如何合理分配和利用时间，直接影响工作效率。团队成员需要学会制订合理的工作计划，明确任务的优先级和时间节点，并有条不紊地推进工作。同时，需要养成良好的时间管理习惯，如避免拖延、保持专注等，确保每一分钟都能发挥出最大的价值。

提高工作效率的关键在于优化工作流程和方法。团队成员需要不断审视和反思自己的工作过程，不断发现存在的问题和瓶颈，进而寻求改进和创新的可能性。通过简化流程、引入先进工具和技术、提高团队协作效率等方式，可以显著提升工作效率和质量。

"重在当下"的效率思维要求团队成员具备立即行动的习惯。面对任务和挑战，团队成员需要迅速做出反应，果断采取行动，而不应等待和观望。这种积极主动的态度和行动方式，有助于企业抓住机遇、应对挑战，并推动企业成员工作的顺利进行。

企业需要通过培训、激励和考核等方式，营造出一种高效的工作氛围。通过培训提升团队成员的技能和素质，使其具备高效工作的能力；通过激励机制激发团队成员的积极性和创造力，使其愿意主动追求高效；通过考核机制对团队成员的工作效率和质量进行客观评价，促进其不断改进和提升。

麦当劳作为全球知名的快餐连锁企业，其成功的秘诀之一就在于对效率思维的极致应用。他们通过标准化的操作流程和高效的供应链管理，确保了每一家餐厅都能够迅速、准确地为顾客提供美味的餐品。此外，麦当劳还不断引入先进的厨房设备和自动化技术，来提高餐厅的运营效率和服务质量。这种对效率的追求让麦当劳能够在快餐市场中保持竞争优势，并持续吸引和满足广大消费者。

顺丰速运以其高效、准时的物流服务而著称。在竞争激烈的快递行业，顺丰通过精细化管理和技术创新，实现了物流过程的高度效率化。他们引入了智能分拣系统、无人机配送等先进技术，大大提高了包裹的处理速度和配送准确性。同时，顺丰注重优化配送网络，以确保货物能够快速、安全地送达目的地。这种对效率的极致追求，让顺丰速运成为物流行业的标杆，赢得了广大客户的信赖和好评。

这些案例再次强调了效率思维在企业发展中的重要性。通过引入先进技术、优化流程和管理，企业可以显著提高工作效率，从而在市场竞争中占据优势地位。因此，培养团队成员的效率思维，并营造高效的工作氛围，是企业提升全员执行力的关键所在。

总之，效率思维是提升全员执行力的重要思维准则之一。通过理解效率的真正含义、强化时间管理、优化工作流程和方法、培养立即行动的习惯，以及营造高效的工作氛围等措施，企业可以显著提升团队成员的工作效率和质量，进而提升企业的整体竞争力和市场地位。

第四章

提高企业执行力的八大关键

找到能执行的人

在企业的运营过程中,执行力是确保企业战略和目标得以实现的关键因素。而要实现高效的执行力,首先必须找到那些能够执行任务、愿意承担责任并具备所需能力的人。这就是提高企业执行力的第一个关键——找到能执行的人。

首先,要识别并吸引具备执行力的人才。

企业需要在招聘过程中明确对执行力的要求,并通过有效的招聘策略和手段,吸引那些具备执行力特质的人才。这包括制定明确的职位描述和任职要求,强调对执行力、责任心、团队协作等方面的要求,以及通过面试、评估等方式对候选人的执行力进行考察和评估。

其次,要培养员工的执行力。

对于已经在企业内部的员工,企业需要提供必要的培训和发展机会,帮助他们提升执行力。这包括为团队成员提供针对性的培训课程,如时间管理、目标设定、决策能力等,并通过实践、反馈和指导等方式,帮助员工在实际工作中提升执行力。

再次，建立执行文化。

企业还需要通过建立执行文化来强化员工的执行力意识。执行文化是一种强调结果导向、注重实际行动和持续改进的文化氛围。在这种文化中，员工被鼓励积极承担责任，勇于面对挑战，并通过实际行动来推动目标的实现。

复次，建立激励和认可机制。

为了保持员工的执行动力，企业需要建立有效的激励和认可机制。这包括设立明确的奖励制度，对表现出色的员工进行表彰和奖励；同时，也要在日常工作中及时给予员工正面的反馈和认可，以增强他们的自信心和归属感。

最后，企业需要持续跟进和评估员工的执行情况。通过定期的绩效评估、反馈和指导等方式，了解员工在执行过程中遇到的问题和困难，并及时提供支持和帮助；同时，要对员工的执行成果进行客观公正的评估，以便及时调整策略和方法，进一步提升企业的整体执行力。

综上所述，"找到能执行的人"是提高企业执行力的首要任务。通过识别并吸引具备执行力的人才、培养员工的执行力、建立执行文化、建立激励和认可机制，以及持续跟进、评估等策略和方法，企业可以打造出一支具备强大执行力的团队，为实现战略目标和持续发展奠定坚实的基础。

保罗·盖蒂是20世纪初美国石油行业的一位传奇人物，他以卓越的执行力和领导才能，在竞争激烈的石油市场中脱颖而出，最终成为一位石油大亨。盖蒂的成长之路充满了挑战和机遇，他的故事为我们提供了一个"找到能执行的人"的绝佳范例。

盖蒂的职业生涯并非一帆风顺。起初，他在一家石油公司从事最基层的工作——石油勘探员。尽管工作条件艰苦，但盖蒂从未放弃过对石油行业的热爱和追求。他勤奋好学，努力钻研石油勘探技术，很快就成为公司在这方面的佼佼者。

一次偶然的机会，盖蒂发现了一块被其他勘探员忽略的石油蕴藏地。他凭借敏锐的直觉和过硬的技术，成功地在这片土地上打出了第一口油井，为公司带来了巨大的利润。这次成功让盖蒂在石油行业内声名鹊起，也为他日后的辉煌奠定了基础。

由于盖蒂在石油勘探方面的卓越表现，他很快就被提拔为公司的中层管理者，负责多个油田的开发和管理工作。在这个岗位上，盖蒂展现出了非凡的执行力。

他深知石油行业的竞争激烈，因此始终保持着高度的紧迫感和危机意识。为了确保油田的高效开发，盖蒂制定了一套严格的管理制度和工作流程，并要求团队成员严格执行。他每天都会检查油田的开发进度，以期及时发现问题并解决问题。在他的带领下，团队的工作效率大大提高，油田的产量也稳步提升。

随着盖蒂在公司不断晋升，逐步进入公司的高层管理团队，并最终成为公司的掌舵人。作为一位领导者，盖蒂不仅关注公司的日常运营，还致力于制定长远的战略规划和发展方向。

他深知创新对于公司的重要性，因此在领导过程中始终鼓励团队成员勇于尝试新的思路和方法。同时，他也非常注重培养团队的执行力和协作精神，确保了公司的战略能够得到有效实施。

在盖蒂的领导下，公司的业绩逐年攀升，市场份额也不断扩大。他成功地将一家小型石油公司发展成为行业的佼佼者。他的成功不仅得益于他的商业智慧和战略眼光，更在于他对于执行力的极致追求和坚持。

保罗·盖蒂的故事告诉我们：找到能执行的人对于企业的成功至关重要。一个具备强大执行力的人能够带领团队克服重重困难，实现商业上的成功。同时，这也需要企业在选拔和培养人才时注重考察候选人的执行力和品质，为他们提供必要的培训和发展机会，激发他们的执行动力和创新精神。只有这样，企业才能够打造一支具备强大执行力的团队，为实现战略目标和持续发展奠定坚实的基础。

打造一支高效执行的团队

在当今竞争激烈的市场环境中,企业要想取得成功,必须拥有一支高效执行的团队。只有这样的团队才能够迅速响应市场变化,抓住机遇,战胜挑战。那么,如何打造一支高效执行的团队呢?以下是几个关键步骤:

第一,明确目标与分工。

首先,团队的目标必须清晰明确,需要让每个成员都知道自己要做什么,以及如何做才能达到目标。其次,要根据每个成员的能力和特长进行合理分工,确保每个人都能在自己的擅长领域内发挥最大价值。

第二,建立信任与沟通。

团队成员之间必须建立深厚的信任关系,相信彼此的能力和承诺。此外,良好的沟通也是高效执行的关键。团队应该建立定期的沟通机制,来分享信息,讨论问题,并共同寻找解决方案。

第三,培养团队精神与协作能力。

团队精神是高效执行团队的灵魂。团队成员应该相互支持，共同面对困难，分享成功。此外，协作能力也是必不可少的。团队成员需要学会跨部门、跨角色协作，要打破条块分割，形成合力。

第四，提供培训与发展机会。

企业应该为团队成员提供持续的培训和发展机会，来帮助他们提升技能，拓展视野。一个不断学习和成长的团队，才能适应不断变化的市场环境，保持竞争力。

第五，建立激励机制。

合理的激励机制能够激发团队成员的积极性和创造力。企业应该根据团队成员的贡献和表现，给予相应的奖励和晋升机会。同时，激励机制也应该公平透明，让每个人都能看到自己的努力是有回报的。

第六，注重团队建设活动与团队文化。

团队建设活动和团队文化对于提高执行力同样重要。通过定期的团队建设活动，可以增强团队成员之间的凝聚力和归属感。同时，积极健康的团队文化也能激发团队成员的工作热情和创新精神。

第七，强化领导力的作用。

领导者在打造高效执行团队中起着至关重要的作用。领导者应该为团队树立榜样、传递正能量，引导团队成员朝着共同的目标努力。同时，领导者还需要具备战略眼光和决策能力，带领团队在复杂多变的市场环境中不断前行。

第八，持续优化与改进。

打造高效执行团队是一个持续优化的过程。企业应该定期评估团队的工作效率和成果，发现存在的问题并及时进行改进。同时，应该鼓励团队成员积极提出改进建议和创新想法，共同推动团队持续发展和进步。

综上所述，打造一支高效执行的团队需要企业在多个方面进行努力和实践。通过明确目标与分工、建立信任与沟通、培养团队精神与协作能力、提供培训与发展机会、建立激励机制、注重团队建设活动与团队文化、强化领导力的作用以及持续优化与改进等关键步骤的实施，企业可以逐步打造出一支具备强大执行力的高效团队。

在探讨如何打造一支高效执行的团队这一关键问题时，一个生动的案例是来自石油行业的巨头——被誉为"石油大王"的约翰·D.洛克菲勒。洛克菲勒的成功不仅仅基于他的商业智慧和战略眼光，更在于他对于执行力的极致追求。

约翰·D.洛克菲勒是标准石油公司的创始人，也是19世纪末20世纪初美国最富有的人。他的成功在很大程度上归功于他对于执行力的重视和实践。

在洛克菲勒的领导下，标准石油公司以其高效的执行力闻名于世。

洛克菲勒本人就是一个执行力极强的领导者，他对于公司的每一项决策和计划都亲自参与，以确保它们得到有效执行。他深知，只有将战略转化为实际行动，并持之以恒地推进，才能实现商业上的成功。

洛克菲勒在选拔和培养人才时也非常注重执行力。他倾向于选择那些能够迅速理解并执行他指示的人。他认为，一个优秀的员工或者领导者应该具备坚定的决心、敏锐的判断力和出色的执行能力。为了培养这样的人才，洛克菲勒不仅提供必要的培训和支持，还通过激励和认可机制来激发他们的执行动力。

在标准石油公司的运营过程中，洛克菲勒强调结果导向和持续改进。他要求员工不仅要完成任务，还要追求卓越的成果。为了实现这一目标，他建立了一套严格的绩效评估体系，对员工的执行情况进行定期评估和反馈。这种以结果为导向的执行文化，使得标准石油公司在竞争激烈的石油行业中脱颖而出。

此外，洛克菲勒还通过设立明确的奖励制度，激励员工积极执行任务。对于表现出色的员工他给予其丰厚的奖励和晋升机会，这使得员工更加愿意投入精力去执行任务并追求卓越成果。这种正向激励机制在标准石油公司内部形成了积极向上的工作氛围。

总的来说，约翰·D.洛克菲勒的执行力案例为我们提供了一个生动的范例，展示了找到能执行的人对于企业成功的重要性。通过选拔和培养具备执行力的人才、建立执行文化、激励和认可，以及持续跟进和评估等策略和方法，企业可以打造出一支像标准石油公司那样的高效执行团队。这样的团队将能够迅速响应市场变化、抓住机遇并战胜挑战，为企业持续创造价值，不断提高企业竞争优势。

领导力决定执行力

在企业的日常运营和长远发展中，领导力与执行力的关系紧密而不可分割。事实上，领导力在很大程度上决定了企业的执行力。一个优秀的领导者不仅能够为团队指明方向、设定目标，更能够激发团队的潜力，并确保各项任务得以高效执行。

第一，领导者是团队的楷模和标杆。他们的言行举止、工作态度和决策方式都会对团队成员产生深远的影响。一个勤奋、敬业、有责任心的领导者，必然能够带出同样具备这些品质的团队。相反，如果领导者自身就缺乏执行力，那么整个团队的执行力也必然会受到影响。

第二，优秀的领导者应具备敏锐的战略眼光和出色的决策能力。他们要能够根据市场环境的变化和企业内部的实际情况，制订出切实可行的战略计划,并引导团队朝着正确的方向前进。在关键时刻,领导者还需要做出果断的决策,确保团队能够迅速应对各种挑战和机遇。

第三,领导者在团队建设方面发挥着至关重要的作用。他们需要关注团队成员的成长与发展,并为团队成员提供必要的培训和支持,以帮助团队成员提升能力、拓展视野。同时,领导者还需要建立一套合理的激励机制,要根据团队成员的贡献和表现给予相应的奖励和晋升机会,从而激发团队的积极性和创造力。

第四,领导者对执行过程的监督与指导必不可少。执行过程中难免会遇到各种问题和困难,优秀的领导者会密切关注团队的执行情况,能够及时发现问题,并给予指导和帮助。他们需要与团队成员保持密切的沟通,及时了解进度和困难,并共同寻找解决方案。同时,领导者还需要对执行过程进行有效的监督,以确保各项任务都能够按照既定的计划和标准完成。

第五,执行完成后,领导者需要对执行结果进行全面的评估,要了解哪些方面做得好、哪些方面需要改进。他们需要与团队成员一起总结经验教训,找出成功的因素和失败的原因,为今后的工作提供有益的借鉴。同时,领导者还需要鼓励团队成员进行自我反思和总结,不断提升自己的执行能力和团队协作水平。

综上所述,领导力在很大程度上决定了企业的执行力。在打造高效执行团队的过程中，企业必须注重领导力的培养与提升。通过选拔具备领导潜质的优秀人才、提供必要的培训和支持、建立合理的激励机制等方式，企业可以逐步培养出一支具备强大领导力和执行力的优秀团队。

耐克是全球知名的体育用品制造商，以创新的产品设计、高品质的材料和独特的营销策略而闻名。然而，耐克的成功并非一帆风顺。在公司历史上，它曾面临过多次挑战和危机。在这些关键时刻，正是创始人菲尔·奈特（Phil Knight）的变革领导力和团队的坚定执行力帮助耐克渡过了难关。

其领导力展现在以下方面：

一是愿景驱动。菲尔·奈特始终坚信，耐克应该成为一家能够激励每一位运动员的公司。他的愿景是将耐克打造成一个不仅仅是销售产品，更是传递运动精神和生活态度的品牌。

二是勇于变革。当市场变化和竞争加剧时，菲尔·奈特勇于做出决策，引领耐克进行必要的变革。无论是产品创新、营销策略还是组织结构调整，他都敢于打破常规，寻求新的突破点。

三是培养团队。菲尔·奈特非常重视团队的建设和培养。他鼓励团队成员发表意见，提供创新思路，并为他们提供成长和发展的机会。这种领导风格使得耐克能够吸引和留住优秀人才，为公司的持续发展提供了有力支持。

四是明确的目标和策略。耐克在菲尔·奈特的领导下，制定了明确的长远目标和实施策略。这使得整个组织能够朝着共同的方向努力，确保了各项工作的有效推进。

五是高效的团队协作。耐克注重团队协作和跨部门沟通。通过打破部门壁垒，促进信息共享和资源整合，耐克能够更快速地响应市场变化，提高决策效率和执行力。

六是持续的创新和改进。耐克在产品研发、生产流程和营销策略等方面持续进行创新和改进。这种对创新的追求和对品质的坚持，使得耐克能够不断推出符合消费者需求的产品和服务，保持了市场竞争力。

在菲尔·奈特的变革领导力和团队的坚定执行力共同作用下，耐克成功应对了多次挑战和危机。公司不仅保持了体育品牌市场的领先地位，还拓展了新的业务领域，实现了持续增长。同时，耐克的品牌形象也得到了显著提升，成为众多消费者心目中的首选品牌。

这个案例再次证明了领导力对执行力的决定性作用。菲尔·奈特通过愿景驱动、勇于变革和培养团队等领导风格，成功地提升了耐克的执行力。他的领导理念和实践经验为其他企业提供了宝贵的启示：在变革和竞争日益激烈的市场环境中，变革领导力和坚定执行力是企业成功的关键。

落实执行力保障机制

在企业管理中,执行力是连接战略与结果的桥梁。然而,许多企业面临执行力不足的挑战。为了确保企业的战略能够转化为实际的行动和成果,必须落实执行力保障机制。本节将探讨如何通过建立有效的机制来保障企业执行力的提升。

一是建立明确的责任体系。

企业需要建立明确的责任体系。让每个员工都清楚自己的职责和权力范围,以及他们的工作如何与企业整体目标相联系。通过明确责任,可以避免工作中的推诿和扯皮现象,确保每项任务都能得到有效执行。

二是强化沟通与协作机制。

有效的沟通是执行力提升的基石。企业需要建立开放、透明的沟通机制,鼓励员工之间、部门之间的信息共享和协作。定期的会议、简报、电子邮件等沟通方式,可以帮助员工及时了解企业的动态和目标,从而更好地调整自己的工作方向和重点。

三是设计合理的激励机制。

激励是激发员工执行力的关键因素。企业需要根据员工的实际需求和动机,设计合理的激励机制。这可以包括物质激励(如奖金、晋升机会)和非物质激励(如荣誉、培训机会)等。通过激励机制,可以让员工感觉自己的付出得到了认可和回报,从而更加积极地投入工作。

四是建立持续的监督机制。

为了确保执行力机制的长期有效,企业需要建立持续的监督机制。这包括对执行过程的定期检查、对执行结果的评估以及对员工执行力的考核等。通过监督机制,可以及时发现执行中的问题并进行调整,确保企业始终沿着正确的方向前进。

五是培养执行力文化。

企业需要培养一种注重执行力的企业文化。这可以通过领导者的示范、员工的培训以及企业的内部宣传等方式实现。在执行力文化的熏陶下,员工会更加注重工作的细节和结果,从而形成良好的执行习惯。

综上所述,落实执行力保障机制是提高企业执行力的重要环节。通过建立明确的责任体系、强化沟通与协作机制、设计合理的激励机制、建立持续的监督机制以及培养执行力文化等措施,企业可以显著提升自身的执行力水平,从而为战略目标的实现提供有力的保障。

让沟通成为有效执行的加速器

沟通在企业中扮演着至关重要的角色，它是连接各个部门和团队的桥梁，是确保企业目标得以顺利实现的润滑剂。有效的沟通不仅能够减少误解和冲突，还能够增强团队成员之间的合作与信任，从而提高企业的整体执行力。

沟通的重要性主要体现在以下几个方面：

一是沟通是信息传递的主要途径。通过沟通，企业可以将战略目标、任务分配、资源调配等信息准确地传达给员工，确保了员工能够明确自己的职责和任务，从而更好地完成工作。

二是沟通可以协调不同部门和团队之间的工作。这确保各项工作能够相互衔接、相互支持，形成合力。通过沟通，企业可以及时发现和解决存在的问题，整合各方面的资源，提高整体执行力。

三是沟通可以激发员工的积极性和创造力，增强员工的归属感和责任感。通过沟通，企业可以了解员工的需求和期望，为员工提供成长和发展的机会，从而激发员工的潜能，提高整体绩效。

那么，沟通如何成为执行力的加速器呢？

沟通之所以能够成为执行力的加速器，主要是因为沟通能够消除障碍、促进合作、提高效率和确保目标的实现。

通过沟通，企业可以发现并解决员工之间、部门之间的障碍和矛盾，确保各项工作能够顺利进行。

沟通可以促进不同部门和团队之间的合作与协同，形成合力，共同推进企业发展。

有效的沟通还可以缩短决策和执行的时间，减少不必要的重复劳动和资源浪费，从而提高企业整体效率。

通过沟通，企业还可以确保所有员工都明确企业的目标和愿景，从而共同努力实现这些目标。

另外，沟通的重要性在商业原理和定律中也得到了体现。例如，彼得·德鲁克的目标管理理论就强调目标设定和沟通的重要性，认为明确的目标和良好的沟通是实现高效执行的关键。此外，马斯洛的需求层次理论也指出，沟通是满足员工心理需求的重要手段，能够激发员工的积极性和创造力。

很多著名企业的成功，都得益于有效沟通所带来的强大执行力。

瑞士雀巢公司作为全球知名的食品和饮料巨头，凭借其卓越的执行力和高效的沟通机制，在全球范围内取得了巨大的成功。

雀巢公司非常重视内部沟通，致力于建立一个开放、透明的工作环境。公司高层经常与员工进行面对面的沟通，来了解他们的想法和建议，确保决策能够充分考虑员工的意见。此外，雀巢还注重跨部门沟通。通过定期的跨部门会议和协作项目，不同部门和团队之间能够分享彼此的经验和资源，形成合力。这种沟通机制不仅提高了工作效率，还促进了企业内部的创新。

再比如前文提到的星巴克，它作为全球知名的咖啡连锁品牌，其成功在很大程度上得益于其独特的"伙伴沟通"文化和高效的执行力。

星巴克强调员工之间的平等和尊重，倡导开放、透明的沟通氛围。在星巴克，员工被称为"伙伴"，这种称呼本身就传递出了一种亲密和合作的氛围。星巴克鼓励员工之间互相学习、分享经验和知识，并通过定期的团队建设活动和内部培训来加强沟通与合作。这种"伙伴沟通"文化不仅增强了员工之间的信任和合作，还提高了企业的整体执行力。在星巴克，员工能够快速响应顾客需求和市场变化，因为他们之间有着良好的沟通机制和高效的协作能力。这种执行力的提升使得星巴克能够在竞争激烈的餐饮市场中脱颖而出，实现持续的增长和发展。

雀巢和星巴克的案例都展示了沟通在提升执行力方面的重要作用。通过建立开放、透明的沟通氛围和倡导平等、尊重的价值观，企业可以激发员工的积极性和创造力,提高整体执行力,从而实现持续的成功。

综上所述,沟通是企业执行力的关键加速器。通过建立有效的沟通机制,企业可以消除信息障碍、促进团队合作、提高效率和确保目标的实现。因此,建议企业在实践中注重以下几个方面:

一是明确沟通目标。在沟通之前要明确沟通的目标和意图,确保沟通能够有针对性地解决问题。

二是选择适当的沟通方式。根据沟通对象和内容的不同选择合适的沟通方式,如会议、电话、邮件等。

三是建立反馈机制。鼓励员工提供反馈和建议,及时回应员工的关切和需求,确保沟通能够产生实际效果。

四是持续优化沟通机制。随着企业的发展和市场环境的变化,不断优化和完善沟通机制,以适应新的需求和挑战。

通过以上措施,企业可以充分发挥沟通在提升执行力方面的重要作用,从而实现更高效、更快速的发展。

用"心"执行，才会有好结果

在执行的过程中，员工的态度和心态起着至关重要的作用。用"心"执行，不仅是敬业和对工作的专注，更是对企业文化的认同和对企业目标的追求。在执行过程中，可以将"心"细分为专心、用心、细心、耐心四个方面，以此来提升企业执行力。

专心——聚焦目标，全力以赴。

专心是执行力的基础，它要求员工在执行任务时，能够集中注意力，不被外界干扰所影响，并能够全身心投入工作。企业可以通过设定明确的目标和清晰的职责，帮助员工建立专注力，形成高效的工作习惯。同时，领导者应该为员工创造一个良好的工作环境，减少不必要的干扰，让员工能够集中精力完成任务。

目标设定理论指出，明确的目标能够激发员工的动力，提高工作效率。因此，企业应该制定具体、可衡量的目标，让员工清楚自己的工作方向。

华为公司为提升员工专注力，推行了"无干扰工作区"制度，为需要高度集中注意力的员工提供专门的办公环境，有效提升了研发团队的执行力，缩短了产品上市时间。

用心——深入思考，精益求精。

用心是执行力的核心，它要求员工在执行任务时，能够积极思考，不断探索更好的方法，追求工作的卓越。企业应该鼓励员工提出创新性的想法和建议，为员工提供学习和成长的机会，激发员工的创造力和进取心。

创新管理理论认为，企业的持续发展离不开员工的创新意识和能力。通过培养员工的创新思维，企业可以不断提升自身的竞争力。

阿里巴巴集团就注重员工的创新意识和能力，会定期组织员工分享会，鼓励员工提出改进产品、提升服务质量的建议。这些建议经过筛选和实施，不仅提升了客户满意度，也为企业带来了更高的利润。

细心——关注细节，追求完美。

细心是执行力的保障，它要求员工在执行任务时，能够关注每一个细节，确保工作的质量和效率。企业应该建立严格的质量控制体系，对员工的工作成果进行严格的检查和评估，及时发现和纠正问题。同时，企业也应该培养员工的细心习惯，让员工在工作中形成精益求精的态度。

精细化管理理论认为，通过对细节的关注和优化，企业可以提升整体运营效率和竞争力。因此，企业应该注重培养员工的细心习惯，提升企业的精细化管理水平。

丰田汽车公司在生产过程中推行"零缺陷"管理，要求员工在生产过程中严格把控每一个细节，以确保产品质量。通过这一举措，丰田不仅降低了返修率，也提升了品牌形象和市场份额。

耐心——持之以恒，坚韧不拔。

耐心是执行力的持久力，它要求员工在执行任务时，能够保持持久的热情和毅力，面对困难和挑战时不轻易放弃。企业应该培养员工的耐心品质，让员工在面对困难时能够保持冷静和理智，并寻找解决问题的方法。同时，企业也应该为员工提供必要的支持和帮助，让员工在工作中感受到企业的关怀和支持。

毅力管理理论认为，员工的毅力和耐心是企业实现长期目标的关键。通过培养员工的毅力品质，企业可以确保员工在面对困难和挑战时能够坚持不懈地努力。

万科集团在拓展新市场时遇到了诸多困难，但企业并没有放弃，而是组织员工进行深入的市场调研和分析，制定出了更加精准的营销策略。通过员工的共同努力和耐心坚持，万科最终成功打开了新市场，实现了业务的快速增长。

综上所述，用"心"执行是提高企业执行力的关键所在。专心、用心、细心、耐心四个方面相互关联、相互促进，共同构成了企业执行力的基石。企业应该注重培养员工的这些品质，通过设定明确的目标、提供学习和成长的机会、建立严格的质量控制体系以及给予必要的支持和帮助等方式，不断提升企业的执行力水平。只有这样，企业才能在激烈的市场竞争中立于不败之地，实现持续稳健的发展。

创建全新的执行力文化

执行力文化是企业文化的重要组成部分，它强调员工在执行任务时应积极主动、高效协作和追求卓越。在快速变化的市场环境中，创建全新的执行力文化对于企业的长远发展具有重要意义。

随着市场竞争的日益激烈，企业需要不断提高自身的竞争力，以应对不断变化的市场需求。而执行力文化正是企业提升竞争力的关键所在。通过创建全新的执行力文化，企业可以激发员工的积极性和创造力，促进企业内部的高效协作和快速响应，从而在市场中保持领先地位。

同时，全新的执行力文化还能塑造企业的品牌形象和企业文化，提升企业的社会声誉和吸引力。这种文化能够吸引更多的优秀人才加入，从而形成良性循环,进一步推动企业的发展。

那么如何创建全新的执行力文化呢?

首先,明确执行力的核心价值观。

企业应该明确执行力的核心价值观,并将其贯穿于企业文化建设的始终。这些价值观可以包括高效、协作、创新、追求卓越等,通过宣传和教育,让员工深刻理解和认同这些价值观,并将其转化为实际行动。

其次,建立完善的执行力制度。

制度是保障执行力文化落地的重要基础。企业应该建立完善的执行力制度,包括任务分配、进度监控、结果评估等方面,确保员工在执行任务时有明确的指导和规范。同时,制度还应该具有灵活性和适应性,要能够随着市场变化和企业发展进行调整和优化。

再次,培养员工的执行力素质。

员工的执行力素质是执行力文化建设的核心。企业应该通过培训、学习、实践等方式,提升员工的执行力素质,包括专业技能、沟通能力、团队协作能力、解决问题的能力等。只有员工具备了这些素质,才能更好地执行任务,推动企业发展。

最后,营造积极向上的工作氛围。

工作氛围对于执行力文化的形成具有重要影响。企业应该营造积极向上的工作氛围,鼓励员工敢于尝试、勇于创新,同时给予员工足够的支持和信任，让员工在工作中感受到归属感和成就感。

那么如何创建全新的执行力文化呢？

首先，是领导者的示范和引领。

领导者在创建执行力文化过程中起着至关重要的作用。他们应该以身作则，积极践行执行力的核心价值观，成为员工的榜样和引领者。同时，领导者还应该关注员工的成长和发展，为员工提供良好的工作环境和发展机会。

其次，开展多样化的文化活动。

通过举办各类文化活动，如团队建设、经验分享、知识竞赛等，可以加强员工之间的交流与合作，增进彼此之间的了解和信任，从而推动执行力文化的形成。

最后，激励机制的建立和完善。

建立健全的激励机制，对于激发员工的执行力和创造力具有重要意义。企业可以通过设立奖励制度、晋升渠道等方式，对表现优秀的员工进行表彰和激励，来激发整个团队的积极性和创造力。

为了创建全新的执行力文化，很多企业都做了相应的文化建设。比如华为公司，其在创建执行力文化方面取得了显著成果。华为注重员工的成长和发展，提供了完善的培训和晋升机制，激发了员工的主动性和创新性。同时，华为还建立了严格的绩效考核制度，确保了员工在执行任务时能够保持高效和专注。这些措施共同构成了华为独特的执行力文化，使其在全球市场上保持了领先地位。

阿里巴巴集团也是创建执行力文化的成功典范。阿里巴巴通过营造开放、包容、协作的工作氛围，鼓励员工敢于尝试、勇于创新。同时，阿里巴巴还建立了完善的激励机制和晋升机制，让员工在工作中感受到了公平和尊重。这些举措有效提升了员工的执行力和创造力，推动了阿里巴巴的快速发展。

综上所述，创建全新的执行力文化是企业提升竞争力、实现长远发展的关键所在。企业应该明确执行力的核心价值观，建立完善的执行力制度，培养员工的执行力素质，营造积极向上的工作氛围，并通过领导者的示范和引领、多样化的文化活动以及激励机制的建立和完善等途径，来推动执行力文化的形成。同时，企业还可以借鉴成功企业的经验，结合自身实际情况，打造出独具特色的执行力文化，为企业的持续发展提供有力保障。

让每个人自觉自愿地执行

执行力是企业竞争力的核心,而自觉自愿地执行则是执行力提升的关键。如何让每个人都能在工作中自觉自愿地执行任务,成为企业领导者需要思考和解决的问题。

自觉自愿地执行任务是员工积极主动、高效协作的表现,它能够推动企业的快速发展和持续创新。当员工能够自觉自愿地执行时,他们会更加关注任务的完成质量和效率,积极寻找解决问题的办法,从而为企业创造更大的价值。同时,自觉自愿地执行还能够增强员工的责任感和归属感,提升员工的工作满意度和忠诚度,形成企业的核心竞争力。

激励机制是引导员工自觉自愿执行的核心动力。通过设计合理的薪酬制度、晋升机制和奖励制度,企业可以激发员工的积极性和创造力。

首先,薪酬制度应充分体现员工的贡献和价值。除了基本工资外,企业可以通过设立绩效奖金、项目奖励等方式,将员工的收入与他们的工作表现直接挂钩。这样,员工就会更加努力地工作,以争取更高收入。

其次，晋升机制应为员工提供明确的职业发展路径。企业可以根据员工的工作表现、能力和潜力，制定晋升标准和程序，让员工看到自己在企业中的发展前景。这种晋升机制的建立，可以激发员工的进取心，使他们更加努力地提升自己的能力和业绩。

最后，奖励制度也是激励机制的重要组成部分。企业可以设立各种奖励项目，如优秀员工奖、创新成果奖等，以表彰在工作中表现出色的员工。这种奖励不仅可以激发员工的荣誉感，还可以激励其他员工向他们学习，形成积极向上的工作氛围。

目标管理是一种有效的管理手段，它能够帮助企业明确目标、分解任务、落实责任，从而推动员工自觉自愿执行。

首先，企业需要制定明确、具体的目标。这些目标应该具有可衡量性、可达成性和挑战性，以便员工能够清楚地了解自己的工作方向和任务要求。同时，企业还应该将目标与员工的个人发展相结合，让员工意识到自己的工作成果将直接关系自己的职业发展和收益。

其次，企业需要将目标分解为具体的任务，并分配给每个员工。在分配任务时，企业应该充分考虑员工的能力和特长，确保他们能够胜任所分配的任务。同时，企业还应该为员工提供必要的支持和资源，以帮助他们顺利地完成任务。

最后，企业需要建立有效的评估机制，对员工的执行情况进行监督和考核。通过定期评估员工的工作成果和进步情况，企业可以及时发现并纠正员工在执行过程中存在的问题和不足。同时，企业还可以根据评估结果对员工进行奖惩和激励，以进一步激发员工的积极性和创造力。

微软公司非常注重员工的自觉自愿执行。在激励机制方面，微软设立了丰富的奖励制度，包括员工创新奖、优秀团队奖等，以表彰在工作中表现突出的员工。同时，微软还为员工提供了广泛的职业发展机会和培训资源，来帮助员工不断提升自己的能力和素质。在目标管理方面，微软明确了公司的长期目标和短期目标，并将这些目标转化为具体的项目和任务，通过项目管理和团队协作的方式，确保了员工能够高效地完成工作任务。

综上所述，激励机制和目标管理是引导员工自觉自愿执行的重要手段。通过设计合理的薪酬制度、晋升机制和奖励制度，以及制定明确、具体的目标和任务，企业可以激发员工的积极性和创造力，实现员工自觉自愿执行。同时，借鉴国内外知名企业的成功案例，并结合企业自身情况，探索出适合自己的激励机制和目标管理模式，来为企业的长远发展奠定坚实的基础。

第五章

建立执行文化,导入执行作风

勇于负责：勇于负责任，才能担重任

在企业管理的世界里，执行力不仅仅是一种能力，更是一种文化、一种作风。而执行文化的核心，便是勇于负责的态度。勇于负责，意味着员工在面对工作时能够积极主动、敢于担当，并将责任视为自我成长和团队发展的驱动力。从心理学和管理学的角度来看，导入勇于负责的执行作风，对于提升企业的整体执行力和竞争力具有重要意义。

从心理学角度来看，勇于负责的态度源于个体的自我认知和价值观。一个具有高度自我认知的员工，能够清楚认识到自己在企业中的角色和定位，从而更加主动地承担责任。同时，价值观作为个体行为的内在动力，也影响着员工对责任的看法和态度。当员工将承担责任视为一种实现自我价值的方式时，他们便会更加积极地投入工作，并勇于面对挑战和困难。

为了培养员工勇于负责的态度，企业可以从以下几个方面入手：首先，加强员工的自我认知教育，帮助他们认清自己的优势和不足，明确自己在团队中的定位；其次，通过企业文化和价值观的塑造，让员工认识到承担责任的重要性，并将之转化为自我要求；最后，通过具体的实践活动和案例分析，让员工在实践中体验承担责任带来的成就感和价值感，从而让员工更加坚定地树立起勇于负责的态度。

从管理学角度来看，勇于负责的执行作风对于企业的长远发展具有重要意义。首先，勇于负责的员工能够更加主动地发现问题、解决问题，推动工作的顺利进行。他们不会等待问题的出现，而是会主动寻找潜在的风险和隐患，并采取有效措施进行预防和解决。这种积极主动的态度，有助于企业及时发现和解决问题，避免潜在风险和损失。

其次，勇于负责的员工能够增强团队的凝聚力和协作力。在工作中，勇于负责的员工会主动承担更多的责任和任务，为团队的发展贡献自己的力量。他们的行为会激发其他员工的积极性和责任感，从而形成积极向上的工作氛围。同时，勇于负责的员工也更容易获得他人的信任和尊重，从而建立更加紧密的合作关系，推动团队的整体发展。

为了导入勇于负责的执行作风，企业可以采取以下措施：首先，建立完善的责任体系，明确每个员工的职责和权限，确保责任到人、任务到人；其次，加强员工的责任意识和使命感教育，让他们认识到自己的工作对于企业的重要性，从而让他们更加珍惜和承担自己的责任；最后，通过激励机制和奖惩制度的设计，让勇于负责的员工得到应有的回报和认可，以激发更多员工树立起勇于负责的态度。

在实践中，勇于负责的员工往往能够成为企业的中坚力量。他们不仅在工作中表现出色，而且在面对困难和挑战时也能够保持冷静和坚定，为企业的发展贡献自己的力量。例如，在某些关键项目中，勇于负责的员工会主动承担起关键任务，带领团队克服各种困难，确保项目的顺利完成。他们的行为不仅会赢得同事和领导的尊重和信任，也会为企业赢得更多的市场和声誉。

同时，勇于负责的员工也会对企业的长远发展产生积极的影响。他们的行为会激发更多员工的积极性和责任感，形成积极向上的企业文化和氛围。这种文化氛围有助于企业吸引和留住更多优秀的人才，为企业的持续发展提供有力的保障。

勇于负责是执行文化的核心要素之一，也是导入执行作风的关键环节。从心理学和管理学的角度来看，培养员工勇于负责的态度不仅有助于提升企业的执行力和竞争力，还有助于形成积极向上的企业文化和氛围。因此，企业应该高度重视勇于负责的执行作风建设，要通过多种途径和措施来引导和培养员工勇于负责的态度，从而为企业的长远发展奠定坚实的基础。

在未来的发展中，随着市场竞争的加剧和企业环境的变化，勇于负责的执行作风将成为企业不可或缺的核心竞争力之一。只有那些能够拥

第五章 建立执行文化，导入执行作风

有勇于负责、敢于担当的员工的企业，才能在激烈的市场竞争中立于不败之地，实现持续稳健发展。

马上行动：不要犹豫和等待，立即行动

在建立执行文化的过程中，导入"马上行动"的执行作风是至关重要的。从管理的角度来看，执行力的落地需要每一个员工都能迅速响应、果断行动，而不是犹豫和等待。这种立即行动的态度不仅有助于提高个人工作效率，更能促进企业整体执行力的提升。同时，从人性的角度来看，马上行动也是克服拖延、增强自律的重要途径。

在企业管理中，执行力是连接战略与目标、计划与实际操作的桥梁。而"马上行动"的执行作风，则是确保执行力有效落地的关键。当企业面临市场变化、竞争压力或内部挑战时，只有那些能够迅速作出反应、立即采取行动的员工和团队，才能够抓住机遇、化解风险，为企业赢得宝贵的时间和资源。

为了实现"马上行动"的执行作风，企业需要从以下几个方面进行管理和引导：

首先，明确目标与期望。企业应当为员工设定清晰、具体的工作目标，并明确期望他们在何时完成。这样，员工就能够迅速理解自己的任务和责任，减少犹豫和等待的时间。

其次，建立高效的沟通机制。良好的沟通是确保立即行动的基础。企业应当建立快速、准确的沟通渠道，确保信息能够在内部快速传递和共享。同时，管理者也应当注重与员工的沟通，时刻了解他们的工作进展和困难，及时给予指导和支持。

最后，优化工作流程与制度。烦琐的工作流程和制度往往会成为员工行动的阻碍。因此，企业需要不断优化工作流程和制度，简化操作步骤、减少审批环节，为员工创造更加便捷、高效的工作环境。

从人性的角度来看，拖延是一种普遍存在的心理现象。人们往往因为害怕失败、追求完美或缺乏自信等原因而犹豫不决、拖延行动。然而，在执行力落地的过程中，拖延只会浪费时间和资源，甚至可能导致任务失败。

因此，克服拖延、培养"马上行动"的习惯对于个人和企业都至关重要。以下是一些建议：

首先，树立正确的价值观和态度。员工应当认识到立即行动的重要性，并将其视为一种对自己和企业负责的表现。同时，应当树立正确的价值观和态度，以积极、乐观的心态面对工作中的挑战和困难。

其次，制定明确的计划和目标。通过制定具体的计划和目标，员工可以更加清晰地了解自己的任务和责任，减少拖延的可能性。同时，可以让员工将大目标分解为小目标，逐步完成，以激发员工的动力和信心。

最后，建立自我激励和约束机制。员工可以通过设定奖励和惩罚机制来激励自己立即行动。例如，可以设定一个完成任务的期限，并在完成任务后给自己一些小奖励；同时，可以设定一些惩罚措施来约束自己的拖延行为。

执行力的落地是一个复杂而系统的过程，需要多个方面的协同配合。而"马上行动"的执行作风则是其中的关键一环。通过将"马上行动"的理念贯穿于执行力落地的各个环节中，企业可以确保各项工作能够迅速展开、高效推进。

首先，在战略制定和计划安排阶段，企业需要充分考虑市场的变化和内部的需求，制定出符合实际情况的战略和计划。同时，需要明确各项任务的责任人和完成时间，以确保员工能够迅速理解并行动起来。

其次，在任务执行和过程监控阶段，企业需要建立有效的监控和反馈机制，并及时了解员工的工作进展和困难。对于出现的问题和障碍，企业应当迅速作出反应，为员工提供必要的支持和资源，帮助员工克服困难、完成任务。

最后，在结果评估和持续改进阶段，企业需要对员工的工作成果进行客观、公正的评估，并给予相应的奖励和激励。同时，需要和员工一起总结经验教训，不断优化工作流程和制度，为下一次的执行力落地提供更加坚实的基础。

"马上行动"的执行作风是建立执行文化、提升执行力的关键所在。从管理的角度来看，通过明确目标与期望、建立高效的沟通机制以及优化工作流程与制度等措施，可以引导和促进员工形成立即行动的习惯。从人性的角度来看，克服拖延、培养自律精神也是实现"马上行动"的重要途径。通过将"马上行动"的理念贯穿于执行力落地的各个环节中，企业可以确保各项工作能够迅速展开、高效推进，从而为企业的持续发展和竞争优势提供有力保障。

在未来的发展中，随着市场竞争的加剧和企业环境的不断变化，"马上行动"的执行作风将成为企业不可或缺的核心竞争力之一。因此，企业需要高度重视这一执行作风的培养和落地，并通过不断的努力和实践来推动全员执行力的提升和企业的发展壮大。

绝对服从：首先接受工作，然后完成工作

在企业的执行文化中，绝对服从并非意味着机械地听从命令，而是指员工在面对工作时所展现出的无条件接受和高效完成的职业态度。这种态度在军队中得到了极致的体现。

在军队中，绝对服从不仅是一种纪律要求，更是一种精神象征，它代表着对命令的尊重、对职责的坚守和对胜利的渴望。众多军事将领和士兵的传奇故事，都向我们展现了绝对服从的力量和价值。其中，巴顿将军的生平事迹，便是对这一精神最好的诠释。

巴顿将军，这位美国历史上最张扬、最强悍，却又最懂得服从的四星上将，他的军事生涯就是一部绝对服从的教科书。巴顿将军深知，在战场上，每一秒都可能决定生死，每一次犹豫都可能错失战机。因此，他始终坚守着绝对服从的原则，无论面对多么艰难的任务，都会毫不犹豫地执行。

在巴顿将军的领导下，他的部队总是能够迅速响应命令，高效完成

任务。这种高效的执行力，不仅来自士兵们的训练有素，更来自他们对巴顿将军的绝对信任和服从。巴顿将军以身作则，他的每一个行动都在向士兵传递着绝对服从的重要性。

巴顿将军经历过无数战役，每一次都展现出了他对绝对服从的坚定信念。在某次关键战役中，巴顿将军接到了上级的进攻命令。尽管当时的情况极为不利，但他依然毫不犹豫地率领部队发起了冲锋。最终，凭借士兵的绝对服从和英勇奋战，他们成功突破了敌军的防线，赢得了战斗的胜利。

巴顿将军的故事告诉我们，绝对服从不仅是一种军事纪律，更是一种战斗精神。它要求我们在面对任务时，首先无条件地接受，然后全力以赴去完成。这种精神不仅适用于军队，同样可以应用于企业的日常管理。

在企业中，我们也可以借鉴巴顿将军的绝对服从精神。当员工能够像军人一样无条件地接受并高效完成工作时，企业的执行力将得到极大的提升。这将有助于企业在激烈的市场竞争中脱颖而出，实现持续发展和壮大。

当然，我们也需要明确，绝对服从并不意味着盲目听从。在执行任务的过程中，我们还需要保持独立思考和判断能力，确保任务能够按照正确的方向进行。同时，企业也需要为员工提供良好的工作环境和激励机制，让他们愿意无条件地接受，并高效完成工作。

总之，巴顿将军的故事为我们树立了绝对服从的典范。而在企业中，虽然不需要像军队那样严格的服从，但绝对服从的精神同样具有重要意义。当企业面临市场变化、竞争压力或内部挑战时，能够迅速响应、无条件接受并高效完成任务的员工和团队，往往能够为企业赢得宝贵的时间和资源。

此外，绝对服从还有助于提升企业的整体执行力。当每个员工都能够无条件地接受工作并全力以赴完成时，企业的整体运作将变得更加高效、有序。这种高效的执行力不仅能够提升企业的竞争力，还能够增强员工的归属感和自豪感。

要实现绝对服从，企业需要从多个方面入手。

首先，管理者需要明确自己的角色定位，既要作为领导者引领团队前进，又要作为榜样示范绝对服从精神，要通过自身的言行举止，向员工传递出无条件接受并高效完成工作的价值观。

其次，企业需要建立完善的任务分配和跟踪机制。确保每个员工都能够清楚地了解自己的职责和任务，并及时反馈工作进展和遇到的问题。同时，管理者需要对员工的工作进行定期的监督和检查，以确保任务能够按时、保质完成。

最后，企业需要营造一种积极向上、注重执行的工作氛围。通过激励机制、培训等方式，激发员工的主动性和创造性，让他们愿意无条件地接受，并高效完成工作。

曾经风靡一时的畅销书《把信送给加西亚》中的主人公罗文，就是一个绝对服从的典型代表。罗文是一名年轻的美国陆军中尉，他接到了一项重要任务：将美国总统的信件送给远在古巴丛林的加西亚将军。在没有任何具体信息，甚至不知道加西亚将军确切位置的情况下，罗文凭借着坚定的信念、无畏的勇气和绝对的执行力，历经千难万险，最终成功完成了任务。

这本书虽然篇幅简短，但内涵丰富，它强调了执行力的重要性，罗文的形象更成为无数人心中的楷模，他的故事激励着一代又一代人去追求高效执行和卓越成就。这种精神值得我们每个企业员工学习和借鉴。

绝对服从并非简单地听从命令，而是一种高效、有序的执行态度。通过将其引入企业执行文化中，我们可以塑造一支高效、有序的执行团队，为企业的持续发展和竞争优势提供有力保障。在未来的发展中，随着市场竞争的加剧和企业环境的不断变化，绝对服从的执行态度将成为企业不可或缺的核心竞争力之一。因此，我们需要高度重视这一执行作风的培养和落地，通过不断的努力和实践来推动全员执行力的提升和企业的发展壮大。

没有借口：面对问题要找方法而不是找借口

在高效执行力的企业文化中，"没有借口"不仅是一种态度，更是一种面对问题的思维方式。优秀的员工在面对困难和挑战时，会积极寻找解决的方法，而不是寻找推卸责任的借口。

在工作中，我们时常会遇到各种困难和挑战。然而，一些人在面对这些问题时，却倾向于寻找借口来逃避责任或推托任务。这种"找借口"的行为，不仅阻碍了个人的成长和发展，更削弱了团队的执行力。借口就像一块绊脚石，让我们在前进的道路上停滞不前。

与找借口相比，积极寻找解决问题的方法才是我们应该采取的态度。当我们面对问题时，应该保持冷静和理性，深入分析问题的根源和本质。通过查阅资料、请教他人、实践探索等方式，我们可以找到解决问题的途径和方法。只有不断尝试和努力，我们才能克服困难，实现目标。

成功的企业和个人都明白，没有借口才能取得真正的进步。他们深知，借口只会让人陷入停滞不前的境地，而行动才是解决问题的关键。

因此，他们总是以积极的心态面对问题，以实际行动来寻找解决问题的方法。在他们看来，没有借口，只有不断前进的步伐。

乔布斯，这位科技界的传奇人物，以其卓越的创新力和执行力改变了世界。他曾说："你的工作将填满你生活的大部分，唯有热爱你的工作，才能让你感到满足。如果你还没有找到这样的工作，那就继续寻找，不要停下来。"乔布斯的这番话，不仅仅是对工作态度的诠释，更是对人生哲学的深刻洞察。

在乔布斯看来，热爱工作是解决问题的前提。当我们对工作充满热情时，就会更加投入地去寻找解决问题的方法，而不是寻找借口逃避困难。这种热爱和投入，不仅能让我们在工作中取得更好的成绩，也能让我们在人生道路上更加充实和满足。

同时，乔布斯也强调了不断寻找的重要性。在科技行业，变化是常态，只有不断寻找新的机会和解决方案，才能跟上时代的步伐。这种不断寻找的精神，同样适用于我们工作中的问题。我们应该保持敏锐的洞察力和开放的心态，不断寻找解决问题的新方法、新思路。

经济学中的帕累托最优理论，不仅揭示了资源配置的最优状态，也为我们解决问题提供了宝贵的启示。在面临资源有限的情况下，如何寻找最优的解决方法成为关键。这要求我们在解决问题时，要充分考虑资源的有限性，避免无谓的浪费和消耗。同时，我们还要善于利用现有的资源，通过合理的配置和组合，实现效益的最大化。这种以效益为导向的思维方式，有助于我们在解决问题时更加高效和精准。此外，帕累托改进的概念也为我们提供了解决问题的新思路。它告诉我们，在保持其他人利益不受损害的前提下，可以通过改进某些人的状况来提高整体的效益。这启示我们在面对问题时，可以尝试从多个角度出发，寻找既能解决问题，又能兼顾各方利益的方案。

无论是从乔布斯的智慧中汲取启示，还是借鉴经济学理论的指导，我们都应该明白：面对问题，没有借口，只有寻找解决的方法才是我们应该采取的态度。让我们以积极的心态和行动去迎接工作中的每一个挑战，不断提升自己的执行力，为企业的发展贡献更多力量。

说到做到：说到就要做到，并且要做到最好

在追求卓越执行力的企业文化中，"说到做到"不仅是一种责任担当，更是一种高效执行力的体现。优秀的员工不仅会说，更会做，他们不仅承诺，更注重实现承诺，并且力求做到最好。这种"说到做到"的精神，是企业和个人取得成功的关键。

在企业中，我们常常会遇到一些员工，他们善于承诺，却很少兑现。这种"光说不做"的行为，严重损害了企业的执行力。而真正优秀的员工，他们不仅会说，更会做。他们深知，承诺是一种责任，必须付诸行动去实现。这种"说到做到"的精神，正是执行力的核心所在。

仅仅做到"说到做到"还不够，我们还需要追求"做到最好"。在执行任务的过程中，我们应该始终保持高标准、严要求，力求将每一项工作都做到极致。这种追求卓越的态度，不仅能够提升我们的个人能力和价值，更能够为企业的发展贡献更多力量。

经济学原理中蕴含着丰富的执行力智慧。例如，成本效益原则告诉我们，在执行任务时，我们应该充分考虑成本和效益的关系，要以最小的成本实现最大的效益。这要求我们在执行任务时，不仅要做到"说到做到"，更要追求"做到最好"，以实现最大的价值回报。

此外，分工与协作原理也为我们提供了执行力的指导。在企业中，每个人都有自己的职责和角色，只有通过分工与协作，才能实现整体的高效运转。因此，我们应该明确自己的职责和目标，并积极与他人合作，共同完成任务。这种分工与协作的精神，正是"说到做到"和"做到最好"的完美结合。

电影《阿甘正传》中的阿甘是一个智商不高，但执行力极强的角色。他的一生都在用行动诠释"说到做到"。无论是跑步穿越美国，还是坚持打乒乓球,阿甘都用自己的行动兑现了承诺,并且做到了最好。他的故事告诉我们,即使面临困难和挑战,只要我们坚定信念、付诸行动,就一定能够取得成功。

在曾经风靡一时的畅销书《高效能人士的七个习惯》中,作者强调了承诺与行动的重要性。一个高效能人士不仅善于制定目标和计划,更能够付诸行动去实现这些目标和计划。他们深知,承诺是一种责任,必须用心去履行。这种承诺与行动的精神,正是"说到做到"和"做到最好"的完美体现。

在追求卓越执行力的道路上,"说到做到"和"做到最好"是企业员工应该坚守的原则。应该时刻保持对承诺的敬畏之心,用实际行动去兑现每一个承诺。同时,还应该追求卓越、力求完美,将每一项工作都做到最好。只有这样,才能真正提升自己的执行力,为企业的发展贡献更多力量。

通过不断地学习和实践,企业要逐渐培养起一种高效执行的习惯和文化。在这种文化中,每个人都能够做到言行一致、信守承诺,每个人都能够追求卓越、力争上游。这样的企业,将充满活力和创造力,并能够在激烈的市场竞争中脱颖而出,进而实现持续稳健发展。

第六章

高层执行者重视执行并参与执行

老板是公司执行力的第一推动者

在公司的日常运营中,执行力是确保战略落地、目标达成的关键。其中,高层执行者,尤其是老板,扮演着至关重要的角色。他们不仅是战略的制定者,更是执行力的第一推动者。老板的言行举止、决策风格以及参与执行的程度,都直接影响着公司的整体执行力。

领导力与执行力是相辅相成的。老板作为公司的最高领导者,其领导力直接影响着公司的执行力。一个优秀的老板,不仅能够明确公司的战略方向,还能够激发员工的积极性和创造力,使团队形成强大的执行力。反之,如果老板的领导力不足,公司的执行力也将受到严重影响。

在提升执行力方面,老板需要以身作则,成为员工的榜样。他们应该积极参与到执行过程中,与员工并肩作战,共同面对挑战。同时,老板还应该关注员工的成长和发展,为他们提供必要的支持和帮助,使他们能够更好完成任务。

老板在推动执行力方面起着举足轻重的作用。首先,他们需要制订清晰明确的战略目标和计划,为员工指明方向。其次,老板需要通过有效的沟通和协调,确保各部门之间的顺畅合作,形成合力。此外,老板还应该建立科学的激励机制,激发员工的积极性和创造力,使他们能够全身心地投入工作。

在推动执行力的过程中,老板还需要关注细节,确保每个环节都能够得到有效执行。他们应该经常检查工作的进展情况,及时发现问题,并采取措施加以解决。同时,老板还应该鼓励员工提出改进意见和建议,不断完善执行流程和方法。

要提升公司的执行力,老板需要从多个方面入手。首先,需要不断提升自己的领导力和管理能力,以便更好地引领团队前进。其次,需要注重团队建设,要打造出一支高效、协作、有执行力的团队。还应该关注员工的培训和成长,提升他们的专业技能和执行力水平。

在具体操作上,老板可以通过制订详细的执行计划、明确责任人和时间节点来确保工作的顺利进行。同时,他们还可以建立有效的反馈机制,及时了解员工的工作情况和问题,并采取相应措施加以解决。此外,老板还可以通过设立奖励机制来激励员工积极执行工作任务,提高整体执行力。

老板参与执行的重要性不言而喻。首先,老板的参与能够增强员工的信心和动力,使他们能够更加积极地投入工作。其次,老板的参与有助于发现执行过程中的问题和难点,并能够及时进行调整和优化。老板的参与还能够促进公司与外部环境的互动和合作,提升公司的整体竞争力。

然而,老板参与执行并不意味着他们需要亲自去完成每一项任务。相反,他们应该更加注重战略规划和整体协调,将更多的精力放在思考如何优化执行流程、提升执行效率上。同时,老板还应该学会授权和信任员工,让员工有足够的空间和自主权去完成工作任务。

老板作为公司执行力的第一推动者,其作用是不可替代的。他们需要通过自身的言行和行动来影响与带动员工,共同推动公司的发展。同时,老板还需要不断学习和提升自己的领导力与管理能力,以适应不断变化的市场环境和业务需求。

在公司的执行力建设中,老板的角色至关重要。他们不仅是战略的制定者,更是执行力的第一推动者。通过提升领导力、注重团队建设、关注员工成长以及积极参与执行等方式,老板可以有效地推动公司执行力的提升,实现公司的长远发展和目标达成。

超强执行力是每个优秀老板的标配

在竞争激烈的商业环境中，执行力已成为企业成功的关键因素之一。而对于高层执行者，尤其是公司的老板而言，拥有超强执行力更是他们引领企业走向成功的必备素质。超强执行力不仅体现了老板的个人能力和魅力，更是推动整个组织高效运转的强大动力。

一个优秀的老板，往往能以超强的执行力赢得员工的尊重和信任。他们不仅具备明确的目标导向，更能迅速制订并实施有效的执行计划。在面对挑战和困难时，他们能够保持冷静和坚定，带领团队克服一切障碍，实现既定目标。这种超强的执行力，能让优秀老板在员工心中树立起不可动摇的权威地位。

老板的超强执行力对整个企业的运转效率具有重要影响。首先，他们通过高效的决策和行动，为企业指明了前进方向，使员工能够明确工作重点和目标。其次，老板以身作则，积极参与执行过程，激发了员工的积极性和创造力。在他们的带领下，员工能够形成一股强大的合力，共同推动企业的快速发展。

在商业世界中，挑战和变化无处不在。面对复杂多变的市场环境，拥有超强执行力的老板能够迅速做出反应，调整战略和计划，确保企业始终保持竞争优势。他们善于抓住机遇，勇于面对挑战，并带领团队在激烈的市场竞争中脱颖而出。

对于老板而言，培养超强执行力是一个持续不断的过程。

首先，需要不断提升自己的综合素质和能力水平，包括领导力、决策力、沟通力等。这些能力的提升将有助于老板更好地应对各种复杂情况，确保执行力的有效发挥。

其次，需要注重团队建设和员工培养。一个高效的团队是超强执行力的重要支撑。老板应该关注员工的成长和发展，为他们提供必要的支持和帮助，激发他们的工作热情和创造力。同时，老板还应该建立科学的激励机制，确保员工能够充分发挥自己的潜力，为企业的发展贡献自己的力量。

最后，需要注重细节和流程管理。在执行过程中，细节往往决定成败。老板应该关注每一个环节和细节，确保工作能够按照既定的计划和标准顺利进行。同时，他们还应该不断优化流程和方法，以提高执行效率和质量。

超强执行力是每个优秀老板的标配。他们通过自身的努力和智慧，能够带领企业不断突破自我，实现跨越式发展。

超强执行力不仅体现在老板的个人行为上，更深入影响着企业文化的塑造。一个以超强执行力为核心价值观的企业，将更容易形成高效、务实、创新的工作氛围。老板通过自身的言行和行动，传递着对执行力的重视和追求，使员工在日常工作中也能够秉持这种精神，不断提升自己的执行力水平。

同时，超强执行力也有助于建立企业的信誉和口碑。当企业能够迅速响应市场需求、高效完成工作任务时，客户和合作伙伴将会对企业产生更多的信任和认可。这种信任和认可将进一步促进企业的发展和壮大。

在当今这个快速发展的时代，新兴企业如雨后春笋般涌现，其中不乏一些凭借超强执行力迅速崭露头角的佼佼者。以美国的一家新兴科技企业 Stripe 为例，其创始人帕特里克·科里森（Patrick Collison）和约翰·科里森（John Collison）就以超强的执行力引领了企业快速发展，并让企业成为金融科技领域的佼佼者。

Stripe 是一家提供在线支付解决方案的金融科技公司，帮助企业轻松接受和处理在线支付。在 Stripe 的创立和发展过程中，科里森兄弟展现出了超强的执行力。他们凭借对金融科技市场的深刻洞察和敏锐的商业嗅觉，看到了在线支付领域的巨大潜力。于是，他们果断决定创办 Stripe，并带领团队迅速投入研发和市场推广。

在 Stripe 的发展初期，科里森兄弟面临着诸多挑战，包括技术难题、市场竞争、法规合规等问题。然而，他们凭借坚定的信念和超强的执行力，逐一克服了这些困难。他们亲自参与关键项目的执行，确保了各项工作能够高效推进。同时，他们还注重团队协作和员工培养，打造了一支高效、专业、有执行力的团队。

正是凭借这种超强的执行力，Stripe 在短时间内就实现了快速发展。如今，Stripe 已经成为全球领先的在线支付解决方案提供商，为数百万企业提供了便捷、安全的支付服务。

Stripe 的案例告诉我们，超强执行力对于新兴企业的成功至关重要。首先，它能够帮助企业迅速抓住市场机遇，实现快速发展。在金融科技领域，市场竞争异常激烈，只有具备超强执行力的企业才能在竞争中脱颖而出。

其次，超强执行力能够推动企业不断创新和突破。Stripe 通过持续的技术创新和优化服务，不断提升用户体验和支付安全性，赢得了客户的信任和好评。这种创新能力和执行力使得 Stripe 在市场中保持了领先地位。

最后，超强执行力还能够增强企业的凝聚力和向心力。科里森兄弟以其超强的执行力赢得了员工的尊重和信任，员工愿意跟随他们的步伐，共同为企业的发展贡献力量。这种凝聚力和向心力成为 Stripe 持续发展的重要支撑。

　　超强执行力是每个优秀老板的标配。它不仅体现了老板的个人能力和魅力，更是推动企业高效运转、应对挑战的关键因素。在未来的商业竞争中，拥有超强执行力的老板将更具竞争力，并带领企业不断突破自我，实现持续发展。因此，老板应该不断提升自己的执行力水平，并保持开放的心态和持续学习的精神，随着市场环境和业务需求的不断变化，不断更新自己的知识和技能，以适应新的挑战和机遇。

老板执行力之制订计划

　　在企业的日常运营与发展中，高层执行者特别是老板的角色至关重要。他们不仅是战略方向的引领者，更是执行力的重要体现者。其中，制订计划是老板执行力体现的重要一环。

　　制订计划是老板执行力的重要体现，其必要性主要体现在以下几个方面：

　　首先，制订计划有助于明确目标。企业的发展需要明确的目标作为指引，而计划是实现目标的桥梁。通过制订详细的计划，老板能够将企业的战略目标分解为具体的行动步骤和时间节点，从而确保全体员工能够清晰地了解企业的发展方向和重点任务。

其次，制订计划有助于提高工作效率。一个有效的计划能够合理安排资源、优化工作流程，减少不必要的浪费和重复劳动。通过制订计划，老板能够统筹协调各个部门的工作，确保各项工作能够有序、高效地进行，从而提高企业的整体运营效率。

最后，制订计划有助于降低风险。市场环境和竞争态势的不断变化给企业带来了诸多不确定性。通过制订计划，老板能够提前预见可能出现的问题和风险，并作出相应的应对措施。这有助于企业在面对挑战时迅速作出反应，减少损失，并保持稳健的发展态势。

制订计划的商业原理主要基于以下几个方面：

首先，商业环境的不确定性要求企业具备预见性和应变能力。市场需求的变化、竞争对手的行动以及政策法规的调整都可能对企业的运营产生影响。通过制订计划，企业能够提前预见这些变化，并制定相应的策略来应对。这有助于企业在不确定的商业环境中保持竞争优势。

其次，商业目标的实现需要具体的行动步骤和时间安排。企业的战略目标实现往往是一个长期的过程，需要分解为具体的短期目标来实现。通过制订计划，企业能够将战略目标转化为可操作的行动步骤和时间节点，从而确保员工能够按照既定的方向和目标进行工作。

最后，商业资源的有限性要求企业合理利用和配置资源。企业的资源包括人力、物力、财力等各个方面，如何合理利用这些资源来实现商业目标是企业需要面对的重要问题。通过制订计划，企业就能够根据目标的优先级和资源的可用性来安排工作，确保资源得到最有效的利用。

制订计划的管理原理主要涉及以下几个方面：

首先，计划是管理的基础。管理是一种通过协调和组织资源来实现目标的活动，而计划则是管理活动的基础。通过制订计划，管理者能够明确目标、任务和资源，为后续的组织、指挥、协调和控制工作提供指导。

其次，计划有助于实现管理的有序性。企业的运营需要各个部门之间密切配合和协同工作，而计划能够将各部门的工作串联起来，形成一个有序的整体。通过制订计划，管理者能够统筹协调各个部门的工作进度和资源配置，确保各项工作能够按照既定的目标和方向进行。

最后，计划有助于提高管理的预见性和应变能力。管理者在制订计划时需要充分考虑各种可能的情况和风险，并制定相应的应对措施。这需要管理者在面对突发事件或变化时迅速作出反应，调整计划并采取相应的措施来应对。这有助于提高管理的灵活性和适应性，确保企业在复杂多变的商业环境中保持稳定发展。

为了确保计划的有效实施，老板可以采取以下策略：

首先，加强沟通与协调。老板需要与团队成员进行充分的沟通，确保他们对计划的目标、内容和实施步骤有清晰的认识。同时，老板还需要协调各个部门之间的合作，确保资源的合理分配和工作的协同推进。

其次，建立监督机制。老板应设立专门的监督机构或指派专人负责计划执行情况的监督与评估。通过定期检查、汇报和反馈机制，老板才能够及时了解计划的执行情况，发现问题并采取相应措施进行解决。

最后，注重持续改进。计划不是一成不变的，老板需要根据市场变化和企业实际情况对计划进行适时调整和优化。同时，老板还需要鼓励团队成员提出改进意见和建议，通过集思广益来不断完善计划并提高执行力。

综上所述，定计划是老板执行力的重要体现之一。通过制订科学、合理的计划，老板才能够明确目标、提高工作效率、降低风险，并在商业环境中保持竞争优势。同时，制订计划也符合商业原理和管理原理的要求，有助于实现管理的有序性、预见性和应变能力。因此，老板应高度重视制订计划的重要性，并采取相应的实施策略来确保计划的有效执行。这将有助于企业在激烈的市场竞争中立于不败之地，实现持续稳健发展。

老板执行力之聚人心

在企业的运营与发展中,老板作为高层执行者的核心,其执行力不仅体现在对战略目标的坚定追求和计划的精准制订上,更体现在其能否有效地凝聚人心,激发团队的执行力和创造力。从人性与管理角度来看,凝聚人心的重要性不言而喻,而如何有效地凝聚人心以提高执行力,则是老板们需要深入思考和不断探索的课题。

人心是企业发展的根本动力,一个团结、和谐、积极向上的团队能够产生巨大的凝聚力和战斗力,推动企业不断向前发展。而老板作为团队的引领者,其是否能够凝聚人心,直接关系着团队的稳定性和执行力的高低。

首先,凝聚人心有助于增强团队的归属感和忠诚度。当员工感受到老板的关心和信任,他们会对企业产生更强的归属感,并愿意为企业的发展贡献自己的力量。同时,凝聚人心还能够提高员工的忠诚度,减少人员流失,保持团队的稳定性。

其次，凝聚人心有助于激发团队的积极性和创造力。一个团结的团队能够激发员工的积极性和创造力，使他们更加主动地投入工作，为企业的发展贡献更多的智慧和力量。这种积极的氛围和创造力是企业持续发展的重要保障。

最后，凝聚人心有助于提高企业的执行力和竞争力。当团队成员之间形成高度的默契和协作，企业的执行力会得到显著提升，各项任务就能够迅速、高效地完成。同时，这种高效的执行力也会转化为企业的竞争力，使企业在市场竞争中占据有利地位。

老板要想有效凝聚人心、提高执行力，需要从多个方面入手，综合运用各种管理手段和方法。

信任是凝聚人心的基石。老板要与员工建立信任关系，首先要做到言行一致、诚实守信。在工作中，老板要给予员工充分的信任和支持，让他们感受到自己的价值和重要性。同时，老板也要尊重员工的意见和建议，积极听取他们的想法，与他们共同成长。

一个明确、具体的共同目标能够将团队成员紧密团结在一起。老板要与员工共同制定企业的战略目标和发展规划，明确每个人的职责和任务。通过共同目标的引领，团队成员会更加明确自己的方向和目标，形成强大的合力。

良好的沟通与交流是凝聚人心的关键。老板要与员工保持密切的联系和沟通，要及时了解他们的工作进展和困难，给予必要的指导和帮助。同时，老板也要鼓励员工之间的交流和合作，以促进信息的共享和知识的传递。通过加强沟通与交流，可以消除团队的误解和隔阂，增强团队的凝聚力和向心力。

积极向上的氛围能够激发员工的积极性和创造力。老板要注重企业文化的建设，营造一种积极向上、奋发向前的文化氛围。通过举办各种文化活动和培训项目，来提高员工的文化素养和综合素质，增强他们的归属感和荣誉感。同时，老板也要关注员工的心理健康，要及时帮助他们解决工作和生活中的问题，让他们感受到企业的温暖和关怀。

合理的激励机制能够激发员工的积极性和创造力。老板要根据员工的工作表现和贡献程度，给予相应的奖励和激励。这种奖励可以是物质上的，也可以是精神上的，如晋升、培训机会、荣誉称号等。通过激励机制的建立，可以让员工看到自己的付出得到了认可和回报，从而让员工更加积极地投入到工作中。

老板作为企业的引领者，其行为和态度对员工具有极大的影响。老板要以身作则，遵守企业的规章制度，尊重员工，勤奋工作，积极进取。通过自身的行动和表现，老板可以树立榜样，引导员工形成正确的价值观和工作态度。这种榜样的力量是无穷的，也能够有效地凝聚人心，提高执行力。

凝聚人心是老板执行力的重要体现之一，也是企业持续发展的关键因素。老板要从人性与管理角度出发，深入了解员工的需求和期望，通过建立信任关系、树立共同目标、加强沟通与交流、营造积极向上的氛围、建立激励机制以及以身作则树立榜样等手段，有效地凝聚人心，提高团队的执行力和创造力。

在凝聚人心的过程中，老板还需要保持耐心和细心，要时刻关注员工的变化和反馈。同时，老板也要不断地学习和提升自己，掌握更多的管理知识和技能，以便更好地引领团队向前发展。通过不断地努力和实践，老板一定能够成功凝聚人心，提高企业的执行力和竞争力，为企业的发展贡献自己的力量。

老板执行力之建机制

在企业的运营与发展中，老板作为高层执行者的核心，其执行力不仅体现在对战略目标的坚定追求、计划的精准制订、人心的有效凝聚上，更体现在其能否建立起一套科学、合理的管理机制。机制对于管理的意义在于，它能够使企业内部的各项工作规范化、系统化，确保企业运营的稳定性与可持续性。

机制，是指一个系统内各要素之间的结构关系和运行方式。在企业管理中，机制的作用主要体现在以下几个方面：

首先，机制能够规范员工行为。通过建立明确的规章制度和操作流程，机制能够告诉员工应该做什么、如何做，以及不做的后果。这有助于减少员工行为的随意性和不确定性，提高工作的规范和效率。

其次，机制能够优化资源配置。有效的管理机制能够确保企业资源得到合理分配和高效利用，避免资源浪费和闲置。通过机制的作用，企业能够更好地协调各部门之间的工作，实现资源的共享和互补。

最后，机制能够激发员工潜力。一个公平、合理的激励机制能够激发员工的积极性和创造力，使他们更加投入地工作。通过设立明确的奖励和惩罚措施，机制能够引导员工朝着企业的目标努力，形成强大的执行力。

在建立管理机制的过程中，老板需要运用管理学原理，确保机制的科学性和有效性。以下是一些关键的管理学原理及其在机制建设中的应用：

系统原理强调将企业或组织视为一个整体，注重各要素之间的相互联系和相互作用。在机制建设中，老板需要运用系统原理，将企业的各项工作纳入一个统一的系统中进行考虑，以确保各项机制之间的协调性和一致性。

目标导向原理强调机制的建设应围绕企业的战略目标进行。老板需要明确企业的长期目标和短期目标，并据此制定相应的管理机制。这些机制应能够支持目标的实现，并确保员工的行为与企业的目标保持一致。

人本原理强调在管理中要尊重人、关心人、发展人。在机制建设中，老板需要注重员工的需求和期望，并建立公平、公正、公开的机制，确保员工的权益得到保障。同时，老板还需要关注员工的成长和发展，为他们提供培训和晋升机会，激发他们的潜力和创造力。

激励与约束并重原理强调在机制建设中，既要注重激励员工积极工作，又要建立约束机制防止员工行为失范。老板需要设立明确的奖励和惩罚措施，来确保员工在得到激励的同时能够受到必要的约束。这种激励与约束并重的机制有助于形成良好的工作氛围和企业文化。

艾洛特是一家位于北欧的精工企业，以其精湛的工艺和高效的管理而闻名。该企业之所以能够在竞争激烈的市场中脱颖而出，很大程度上得益于其老板在机制建设方面的卓越执行力。

艾洛特的老板深知战略与机制之间的紧密联系。在制定企业战略时，他注重将战略目标与机制建设相结合。通过设立与战略目标相匹配的绩效考核机制、激励机制和约束机制，他确保了员工的工作能够紧密围绕战略目标展开。这种战略导向的机制设计使得艾洛特能够在市场上保持敏锐的洞察力和快速的响应能力。

艾洛特的激励机制是其管理机制中的一大亮点。它注重员工的个人发展和成长，构建了公平、透明的晋升通道和薪酬体系。通过设立明确的晋升通道和薪酬标准，让员工能够清晰地看到自己在企业中的发展路径和可能获得的回报。这种激励机制有效激发了员工的积极性和创造力，使得艾洛特能够吸引和留住一批批优秀的员工。

作为精工企业，艾洛特对产品质量有着极高的要求。老板深知质量是企业的生命线，因此建立了一套严格的质量管控机制。从原材料的采购到生产过程的监控，再到成品的检验和售后服务的跟进，每一个环节都有严格的制度和流程来保障。这种质量管控机制确保了艾洛特的产品在市场上始终保持着高品质和良好口碑。

艾洛特的案例为我们提供了宝贵的启示和借鉴。首先，老板在机制建设中要注重战略导向，确保机制与战略目标一致。其次，要关注员工的成长和发展，要建立公平、透明的激励机制。最后，要注重质量管控，来确保产品的品质和口碑。这些做法不仅适用于精工企业，也对其他类型的企业具有借鉴意义。

在未来的发展中，企业老板需要不断学习和借鉴先进的管理经验和做法，不断完善和优化企业的管理机制。同时，要注重培养员工的执行力和创新意识，使他们能够更好地适应市场变化和企业发展需求。只有这样，企业才能在激烈的市场竞争中立于不败之地，实现持续稳健的发展。

老板执行力之善指导

在企业的运营与发展中，老板的执行力不仅体现在对战略目标的把握、机制的建立以及团队的凝聚上，更体现在对员工的指导能力上。善指导，是老板执行力的重要组成部分，它不仅能够促进员工个人的成长与发展，更能够推动整个企业向前发展。那么，什么是善指导？如何善指导？又应指导什么？

善指导，是指老板在企业管理过程中，通过科学、合理、有效的方式，对员工进行的有针对性的指导，从而帮助员工提升能力、解决问题、实现目标。善指导不仅应关注员工当前的工作表现，更应着眼于员工的未来发展和企业的长远利益。它要求老板具备深厚的专业素养、敏锐的观察力和丰富的实践经验，要能够准确地把握员工的需求和企业的发展方向，为员工提供有针对性的指导。

善指导的首要任务是明确指导目标。老板需要与员工进行深入沟通，了解员工的职业规划、能力现状和发展需求，并结合企业的战略目标和业务需求，为员工制定明确的职业发展路径和目标。这有助于员工明确自己的发展方向，激发员工的工作热情和积极性。

每个员工都有自己的特点和需求，因此老板在指导员工时，需要采用个性化的指导方式。根据员工的性格、能力和兴趣，老板可以选择不同的沟通方式、指导方法和培训内容，来确保指导能够真正触及员工的内心，激发员工的潜力。

善指导需要老板密切关注员工的成长和发展，及时给予反馈和调整。老板需要定期与员工进行绩效评估和发展讨论，来了解员工的工作进展和遇到的问题，并及时给予指导和建议。同时，老板还需要根据员工的发展情况，适时调整指导策略和目标，以确保员工能够持续进步。

那么老板应该指导什么？

老板应该指导员工掌握高效的工作方法，包括时间管理、任务分解、优先级排序等。通过传授这些实用技巧，老板可以帮助员工提高工作效率，减少不必要的浪费，从而更好地完成工作任务。

针对员工的岗位需求，老板应该提供相关的专业技能培训和指导。这包括专业知识的学习、技能的提升以及行业趋势的把握等。通过不断提升员工的专业素养，老板可以确保员工能够胜任岗位工作，为企业的发展贡献力量。

团队协作是企业发展中不可或缺的一环。老板应该指导员工如何与团队成员进行有效沟通、协作和分享,以形成良好的团队氛围和高效的工作机制。通过培养员工的团队精神和合作意识,老板可以推动团队的整体发展,提升企业的竞争力。

老板还应该关注员工的职业发展,为员工提供职业规划和晋升路径的指导。通过与员工共同探讨职业目标和发展方向,老板可以帮助员工明确自己的职业定位和发展方向,激发员工的职业追求和成就感。

善指导不仅对员工个人的成长和发展具有重要意义,更对企业的长远发展具有深远影响。通过善指导,老板可以激发员工的工作热情和创造力,提高员工的工作效率和质量,从而增强企业的整体执行力和竞争力。同时,善指导还可以促进员工之间的协作和沟通,形成积极向上的企业文化氛围,为企业的发展注入源源不断的动力。

善指导是老板执行力的重要组成部分,它要求老板具备深厚的专业素养和敏锐的观察力,能够为员工提供有针对性的指导。通过明确指导目标、采用个性化指导方式以及及时反馈与调整,老板可以有效指导员工的工作方法、专业技能、团队协作和职业规划等方面。这不仅有助于员工个人的成长和发展,更能够推动整个企业向前发展。因此,老板应该重视指导的作用和价值,不断提升自己的指导能力,为企业的发展贡献更多力量。

在未来的发展中，随着市场竞争的日益激烈和企业环境的不断变化，善指导将成为老板必备的一项重要能力。通过不断学习和实践，老板可以不断完善自己的指导策略和方法，以更好地适应企业的发展需求和市场变化。同时，企业也应该加强对老板的培训和引导，帮助他们掌握指导技巧和方法，从而为企业的发展提供更加有力的支持。

老板执行力之善激励

在企业的运营与发展中，老板作为高层执行者，其激励能力对于提升员工的积极性、促进团队协作以及提高整体执行力具有至关重要的作用。善激励，不仅仅是给予员工物质上的奖励或惩罚，更是一种深入人心的艺术，它涉及对人性的理解、对心理学的运用，以及对企业激励机制的科学把握。

人性原理强调在激励机制中尊重和理解人的本质需求。人具有自我实现、追求成长和认同的内在动力。因此，激励机制应关注员工的个人发展，为员工提供成长空间和晋升机会，使员工在工作中实现自我价值。

马斯洛的需求层次理论指出，人们的需求从基本的生理需求到高级的尊重和自我实现需求逐渐递进。老板应根据员工的不同需求层次，制定相应的激励措施，以激发员工的工作动机和潜能。

激励机制在管理学中占据着举足轻重的地位，它的发展历程反映了企业管理理论和实践的不断演进与深化。从最初的简单物质激励，到后来的精神激励、职业发展激励，再到如今的综合激励体系，激励机制的演变体现了企业对员工需求的深入理解和人性化管理的追求。

在管理学发展的早期阶段，激励机制主要侧重于物质层面的奖励，如工资、奖金、福利等。这种激励方式基于"经济人"假设，认为员工的主要动机是追求经济利益。在这一阶段，企业通常通过提高工资水平、设立奖金制度等方式来激发员工的工作积极性。然而，这种单一的激励方式却忽视了员工的心理需求和精神追求，难以长期维持员工的工作动力。

随着管理理论的不断进步和实践经验的积累，人们逐渐认识到物质激励的局限性。于是，精神激励开始被引入激励机制中。精神激励主要包括荣誉、表彰、晋升等，它能够满足员工的自尊和自我实现的需求。在这一阶段，企业开始注重员工的心理需求，通过给予员工荣誉和认可来激发他们的工作热情和创造力。精神激励与物质激励相结合，使得激励机制更加完善和多元化。

随着企业管理的日益复杂和员工需求的多样化，单一的激励方式已经难以满足企业的需求。因此，构建综合激励体系已成为激励机制发展的新趋势。综合激励体系涵盖了物质激励、精神激励、职业发展激励等多个方面，旨在从多个角度满足员工的需求。在这一阶段，企业开始关注员工的职业发展和个人成长，通过提供培训机会、晋升机会等来帮助员工实现自我价值。同时，企业还注重营造良好的工作氛围和企业文化，使员工能够在愉悦的环境中工作，并发挥出他最大的潜力。

进入21世纪，随着知识经济和信息技术的快速发展，企业管理面临着前所未有的挑战。在这一背景下，激励机制也呈现出个性化和动态化的特点。个性化激励意味着企业需要根据员工的个体差异和需求差异来制定激励措施，目的是以最大程度满足员工的个性化需求。动态化激励则强调激励机制的灵活性和适应性，企业需要根据市场环境、企业战略和员工需求的变化及时调整激励策略。

随着大数据、人工智能等技术的快速发展，未来的激励机制将更加智能化和数据化。企业可以通过收集和分析员工的行为数据、绩效数据等，来精准识别员工的需求和偏好，从而制定出更加精准的激励措施。同时，企业还可以利用智能化技术来优化激励过程，提高激励的效率和效果。

总之，管理学中激励机制的发展历程是一个不断演进和深化的过程。从物质激励到精神激励，再到综合激励体系，以及未来的智能化和数据驱动激励，每一次变革都反映了企业对员工需求的深入理解和人性化管理的追求。随着企业管理理论和实践的不断发展，激励机制将继续发挥重要作用，为企业的成功提供有力保障。

那么老板应该如何激励员工呢？

首先，要深入了解员工需求。

老板应通过与员工的沟通和交流，深入了解他们的个人需求、职业规划和期望。只有了解员工的需求，才能制定出符合他们期望的激励措施，从而真正激发他们的工作热情。

其次，制定多元化的激励措施。

老板应根据员工的不同需求层次和岗位特点，制定多元化的激励措施。这包括物质激励（如奖金、福利等）、精神激励（如表扬、荣誉等）以及职业发展激励（如晋升机会、培训机会等）。多元化的激励措施可以满足不同员工的需求，提高激励效果。

最后，确保激励的公平性和透明性。

老板在制定和执行激励措施时，应确保公平和透明。公平性意味着每个员工都有平等的机会获得激励，而透明性则要求激励措施的制定和执行过程公开、公正，要避免任何形式的人为偏见和歧视。

那么怎样激励才能提高执行力呢？

首先，以目标为导向进行激励。

老板可以通过设定明确、具体的目标，并将目标的实现与激励措施相结合，来引导员工朝着目标努力。这种方式能够使员工明确工作方向，提高工作效率，从而提高执行力。

其次，及时反馈与认可。

老板应及时给予员工工作反馈和认可，让员工了解自己的工作表现和成果。正面的反馈和认可能够增强员工的自信心和归属感，激发他们的工作热情，从而提高执行力。

最后，营造积极的团队氛围。

老板应努力营造积极、向上的团队氛围，并鼓励员工之间的合作与竞争。通过团队建设活动、分享会等方式，增强团队的凝聚力和向心力，使员工在团队中能感受到归属感和成就感，从而提高执行力。

总之，善激励是老板执行力的重要体现，它要求老板深入理解员工需求、运用心理学原理、把握企业激励机制的科学发展历程，并制定出符合员工期望和企业发展的激励措施。通过目标导向的激励、及时反馈与认可，以及营造积极的团队氛围等方式，老板可以有效提高员工的执行力和工作效率，从而推动企业的持续发展。在未来的企业管理中，善激励将成为老板不可或缺的一项能力，并为企业的成功奠定坚实的基础。

第七章

中层管理执行必须到位

中层管理执行，"计划"必须到位

在企业中，中层管理者扮演着承上启下的关键角色，他们既是企业战略的执行者，又是团队运营的领导者。因此，中层管理的执行力直接关系企业战略目标的实现和团队绩效的提升。而在中层管理的众多任务中，"计划"的到位执行尤为关键。

计划是执行的前提和基础，没有周密的计划，执行就会失去方向和依据。中层管理者在制订和执行计划时，需要充分考虑企业的战略目标、市场需求、资源状况以及团队能力等因素，确保计划的合理性和可行性。同时，计划还需要具有足够的灵活性和适应性，以应对外部环境的变化和内部因素的调整。

中层管理如何制订到位的"计划"？

中层管理者需要清晰理解企业的战略目标，并将其分解为具体的部门目标和任务。通过目标分解，可以确保每个团队成员都明确自己的工作重点和方向，从而形成合力来推动目标的实现。

在制订计划前,中层管理者需要进行深入的市场调研和内部分析,要了解市场需求、竞争态势、资源状况以及团队能力等信息。通过调研和分析,可以找出潜在的机会和挑战,为计划的制订提供有力支持。

中层管理者需要根据任务的复杂性和重要性,合理配置人力、物力、财力等资源。通过优化资源配置,可以提高资源利用效率,确保计划的顺利实施。

在明确目标、分析环境和配置资源的基础上,中层管理者需要制订详细的行动计划。行动计划应包括具体的工作任务、责任人、时间节点和预期成果等内容,以便团队成员能够清晰地了解自己的工作内容和进度要求。

那么,有什么确保"计划"执行到位的具体措施和方法吗?

首先,建立良好的沟通机制。

中层管理者需要与上级、下级以及相关部门保持良好的沟通,确保信息的畅通和准确。通过沟通,可以及时了解计划的执行情况、遇到的问题以及团队成员的想法和建议,并为计划的调整和优化提供依据。

其次,强化团队协同与合作。

中层管理者需要注重团队建设和文化建设,营造积极向上的工作氛围。通过团队协同和合作,可以充分发挥团队成员的潜力和优势,从而达到共同更好的应对挑战和解决问题的目的,进而推动计划的顺利实施。

再次，实施有效的监控与评估。

中层管理者需要对计划的执行过程进行实时监控和评估，以确保计划的进度和质量符合预期。通过监控和评估，可以及时发现问题和偏差，并采取相应的措施进行纠正和调整。

最后，灵活调整与优化计划。

在执行过程中，中层管理者需要根据实际情况和市场变化，灵活调整和优化计划。通过不断调整和优化，可以确保计划始终与企业的战略目标和市场需求保持一致，能提高执行的效率和效果。

总之，中层管理执行中"计划"的到位是实现企业战略目标和提升团队绩效的关键所在。通过明确目标与任务、深入调研与分析、合理配置资源以及制订详细行动计划等措施和方法，中层管理者可以制订出合理、可行且到位的计划。同时，通过建立良好的沟通机制、强化团队协同与合作、实施有效的监控与评估以及灵活调整与优化计划等手段，可以确保计划的顺利实施和执行到位。

在未来，随着市场竞争的加剧和企业环境的不断变化，中层管理者需要不断提高自身的执行力和计划能力，以更好地应对挑战和把握机遇。同时，企业也需要加强对中层管理者的培训和支持，来帮助他们提升执行力和计划能力，让他们能够为企业的发展贡献更多力量。

综上所述，中层管理执行必须到位，而"计划"的到位则是实现这一目标的关键所在。通过制订合理的计划和采取有效的措施，中层管理者可以推动企业的持续发展和团队绩效的不断提升。

中层管理执行，"沟通"必须到位

在企业执行链条中，中层管理不仅是执行的枢纽，更是沟通的桥梁。有效的沟通不仅能提升执行力，还能确保企业战略目标的顺利实现。因此，中层管理在执行过程中，"沟通"必须到位。

中层管理者在企业中扮演着承上启下的角色，他们的沟通能力直接影响着企业信息的传递、团队协作的效率以及战略目标的执行。一个善于沟通的中层管理者，能够准确理解上级的意图，将战略目标转化为具体的执行计划，并有效地传达给下级员工。同时，他们还能够及时收集下级的反馈和建议，为上级提供有价值的参考信息。

通过有效的沟通，中层管理者能够促进企业内部的信息共享和资源整合，提高团队协作的效率。此外，良好的沟通还能够增强员工对企业的认同感和归属感，激发员工的工作热情和创造力，从而推动企业的持续发展。

那么中层应如何沟通呢？

首先，要明确沟通目标。

在进行沟通之前，中层管理者需要明确沟通的目标和主题，以确保沟通的内容具有针对性和实效性。同时，还需要考虑沟通对象的特点和需求，以便选择合适的沟通方式和语言。

其次，要选择合适的沟通方式。

中层管理者可以根据沟通的内容和对象选择合适的沟通方式，如面对面交流、电话沟通、邮件沟通等。不同的沟通方式具有不同的优缺点，中层管理者需要根据实际情况进行选择。

再次，要保持开放和诚实的态度。

在沟通过程中，中层管理者需要保持开放和诚实的态度，要尊重他人的观点和意见，避免使用攻击性或贬低性的语言。同时，他们还需要勇于承认自己的错误和不足，并在之后积极寻求解决方案。

最后，要及时反馈和跟进。

沟通结束后，中层管理者需要及时对沟通结果进行反馈和跟进，以确保沟通的效果得到落实。对于未能解决的问题或需要进一步讨论的事项，需要安排后续沟通计划。

那么如何和上级沟通呢？

首先，要准确理解上级意图。

中层管理者在与上级沟通时，需要认真倾听上级的讲话，准确理解上级的意图和期望。对于不明确或有疑问的地方，需要及时提出并寻求解释。

其次，要提供有价值的建议和信息。

中层管理者需要关注企业的战略目标和市场动态，结合自己的工作实际，向上级提供有价值的建议和信息。这些建议和信息可以帮助上级更好地了解企业的实际情况和市场趋势，从而做出更明智的决策。

再次，要汇报工作进展和成果。

中层管理者需要定期向上级汇报工作进展和成果，让上级了解自己的工作情况和成绩。在汇报时，需要客观、全面地反映工作实际情况，避免夸大或缩小事实。

中层如何和下级沟通呢？

首先，传达企业战略和目标。

中层管理者需要将企业的战略和目标准确地传达给下级员工，确保员工明确自己的工作方向和目标。在传达时，需要用简单易懂的语言解释战略、目标的内涵和意义，以帮助员工理解和接受。

其次，倾听员工的声音和反馈。

中层管理者需要积极倾听员工的声音和反馈，了解员工的需求和困难。对于员工提出的问题和建议，需要认真对待并及时回应，帮助员工解决问题和克服困难。

最后，激励员工积极工作。

中层管理者需要通过沟通来激励员工积极工作，提高员工的工作热情和创造力。可以通过表扬、奖励等方式来肯定员工的工作成绩，同时，可以通过提供培训、晋升机会等方式来激发员工的潜力。

沟通的方法有：

面对面沟通是最直接、最有效的沟通方式之一。通过面对面的交流，双方可以更加深入地了解彼此的观点和需求，及时解决问题和达成共识。

电话沟通是一种便捷的沟通方式，适用于需要快速解决问题或传达信息的场合。在电话沟通中，双方需要保持语速适中、语言清晰，以确保信息的准确传递。

邮件沟通是一种正式的沟通方式，适用于需要记录沟通内容或传递重要信息的场合。在编写邮件时，中层管理者需要注意语言规范和礼貌用语，以确保信息的清晰和准确。

为了确保沟通到位，要清晰明确表达。

沟通到位首先要求表达清晰明确。中层管理者需要使用简单、易懂的语言，要避免使用过于复杂或专业的术语，以确保信息能够准确传达给接收者。同时，需要注意语速和语调，要保持平和、友好的沟通氛围。

还要注意倾听与理解。

沟通是双向的，中层管理者在表达自己的观点和需求的同时，也需要认真倾听对方的意见和建议。通过倾听和理解，可以更好地把握对方的真实意图和需求，从而做出更加合理的回应和决策。

同时，要及时反馈与确认。

为了确保沟通到位，中层管理者需要及时对沟通结果进行反馈和确认。可以通过复述、总结等方式来确保双方对沟通内容的理解一致，要尽量避免出现误解或遗漏的情况。同时，对于重要的决策或行动计划，他们还需要进行书面确认，以确保信息的准确性和可追溯性。

综上所述，中层管理执行中"沟通"的到位是实现全员执行力提升的关键环节。通过有效的沟通，中层管理者能够准确理解上级的意图，将战略目标转化为具体的执行计划，并有效地传达给下级员工。通过不断的实践和总结，中层管理者可以逐渐提高自己的沟通水平，实现与上级、下级和同级之间的有效沟通，从而确保企业整体执行力的提升。

此外，企业也应加强对中层管理者沟通能力的培训和支持。通过举办沟通技巧培训班、分享优秀沟通案例等方式，企业可以帮助中层管理者提升沟通能力，从而更好地发挥他们在企业执行链条中的关键作用。

在沟通的过程中，中层管理者还需要注意以下几点：

一是要保持积极的心态和情绪。沟通不仅是信息的传递，更是情感的交流。中层管理者需要保持积极、乐观的心态，以正面的情绪影响他人，来营造良好的沟通氛围。

二是要注重沟通的时机和场合。不同的沟通内容和对象需要选择不同的沟通时机和场合。中层管理者需要根据实际情况进行判断和选择，以确保沟通的效果最佳。

三是要注重沟通的艺术和技巧。沟通不仅是一种技能，更是一种艺术。中层管理者需要掌握一些基本的沟通技巧，如提问技巧、倾听技巧、表达技巧等，以便更好地与他人进行交流和合作。

四是中层管理者还需要不断反思和总结自己的沟通经验。通过反思和总结，中层管理者可以发现自己在沟通中存在的问题和不足，进而制定改进措施和方法，不断提升自己的沟通能力。

中层管理执行，"责任"必须到位

责任是执行力的核心，也是中层管理者在执行过程中必须坚守的底线。在企业中，中层管理者作为承上启下的关键角色，肩负着确保企业战略落地、团队目标达成的重任。因此，中层管理执行中，"责任"必须到位。

企业责任管理的发展历史，可以追溯至工业革命初期。这一时期随着企业规模的扩大和业务的复杂化，责任管理的概念逐渐浮现。

工业革命时期是企业责任管理的萌芽阶段。工业革命的到来，使得企业从手工作坊式的生产转变为大规模、机械化的生产模式。这一转变带来了生产力的飞跃，但也带来了管理上的挑战。此时，企业开始意识到需要明确各个岗位的责任，以确保生产的顺利进行。尽管此时的责任管理较为简单和直接，但却为后来的发展奠定了基础。

19世纪末至20世纪初，科学管理理论初步兴起，为企业责任管理的发展提供了理论支持。弗雷德里克·泰勒等科学管理先驱者强调通过科学的方法明确工作流程、划分工作职责，以提高生产效率。这一阶段，企业开始建立较为系统的责任管理体系，明确了各级管理者和员工的职责，从而更好地实现生产目标。

进入20世纪中后期，随着市场竞争的加剧和企业环境的日益复杂，责任管理逐渐拓展至企业的各个方面。除了生产责任外，企业开始关注财务责任、市场责任、社会责任等多个方面。同时，随着现代企业管理理论的不断发展，责任管理也逐渐与战略管理、人力资源管理、质量管理等相结合，形成了一套较为完善的管理体系。

进入21世纪，随着全球化和信息化的发展，企业面临着更加复杂多变的市场环境和社会责任要求。这一时期，责任管理逐渐从企业内部拓展至整个价值链和社会环境。企业开始强调全面责任管理,即将责任理念融入企业的战略规划、运营管理和文化建设中。同时,随着可持续发展理念的普及,企业开始关注环境责任、社会责任和治理责任等方面,以实现经济、社会和环境的协调发展。

中层管理者在执行过程中肩负着多重责任,这些责任既来自上级的战略要求,也来自下级的期望和团队的协作需求。具体来说,中层管理者的责任主要包括以下几个方面:

一是战略执行责任。中层管理者需要深入理解企业的战略目标,并将其转化为具体的执行计划和行动方案。他们需要确保团队的工作方向与目标保持一致,以推动战略目标的顺利实现。

二是团队领导责任。中层管理者是团队的领导者,他们需要激发团队成员的积极性和创造力,建立积极向上的团队氛围。同时,他们还需要关注团队成员的成长和发展,为团队提供必要的支持和指导。

三是沟通协调责任。中层管理者在企业内部扮演着桥梁和纽带的角色,他们需要积极与上级、下级以及相关部门进行沟通协调,以确保信息的畅通和准确。通过有效的沟通,他们可以协调各方资源,并解决执行过程中遇到的问题和障碍。

四是风险控制责任。在执行过程中,中层管理者需要关注潜在的风险和挑战,及时制定应对措施,以确保项目的顺利进行。他们需要对风险进行识别、评估和控制，来降低风险对企业的影响。

那么如何确保中层落实责任到位呢？

为确保中层管理者在执行过程中能够真正承担起责任，企业需要采取一系列措施来落实责任。

一是明确责任边界。企业应制定清晰明确的责任清单，明确中层管理者在执行过程中的职责和权力范围。通过明确责任边界，可以避免责任模糊和推诿现象的发生，确保中层管理者能够对自己的工作负责。

二是建立考核机制。企业应建立科学的考核机制，对中层管理者的执行情况要进行定期评估和考核。通过考核，可以及时发现中层管理者在执行过程中存在的问题和不足，为改进和提升执行力提供依据。

三是强化监督和反馈。企业应加强对中层管理者执行过程的监督和反馈，确保他们能够按照既定计划和要求执行工作。同时，企业还需要建立有效的反馈机制，并鼓励中层管理者主动报告工作进展和遇到的问题，以便及时调整和优化执行方案。

四是提供支持和资源。企业应为中层管理者提供必要的支持和资源，以帮助他们解决执行过程中的困难和挑战。这包括提供培训和发展机会、优化工作流程、提供必要的设备和资金等。通过提供支持和资源，可以激发中层管理者的积极性和创造力，从而提升他们的执行能力。

五是营造责任文化。企业应积极营造责任文化，要让中层管理者深刻认识到责任的重要性。通过宣传典型案例、举办责任主题活动等方式，可以引导中层管理者树立正确的责任观念，并增强他们的责任感和使命感。

综上所述，企业责任管理的发展历史是一个不断演进和深化的过程。随着企业环境的不断变化和市场竞争的加剧，责任管理逐渐从简单的责任划分拓展至全面责任管理，成为企业实现可持续发展和竞争优势的关键要素。而中层管理者作为执行层的核心力量，其在责任管理中的角色和责任日益凸显。

中层管理执行，"落实"必须到位

在企业的运营与发展中，中层管理者是承上启下的关键纽带，他们既是高层战略意图的解读者，又是基层执行力的推动者。因此，中层管理执行的"落实"到位与否，直接关系企业战略目标的实现与整体绩效的提升。那么，如何确保中层管理执行"落实"到位呢？

明确目标与责任是执行落实的前提和基础。中层管理者首先需要深入理解企业战略意图，明确部门及个人的目标和责任。通过制定具体、可衡量的指标，确保每个成员都清楚自己的任务和要求。同时，建立责任追究机制，对执行不力或未达预期目标的成员进行问责，从而强化执行意识，确保任务的落实。

流程与制度的优化是执行落实的重要保障。中层管理者应关注执行过程中的瓶颈与问题，通过优化流程、简化手续、减少审批环节等方式，提高执行效率。同时，要建立健全的制度体系，明确各项工作的规范与标准，为执行提供有力的制度保障。通过流程与制度的优化，可以降低执行难度，提升落实效果。

沟通与协作是执行落实的关键环节。中层管理者需要加强与上级、下级以及相关部门之间的沟通与协作，来确保信息的畅通与共享。通过定期召开会议、建立信息共享平台等方式，可以加强团队成员之间的交流与协作，形成落实合力。同时，还需要积极协调资源，解决执行过程中的困难与问题，来为落实提供有力的支持。

培训与指导是提升执行落实能力的重要途径。中层管理者应关注团队成员的能力与素质，通过定期的培训与指导，提升他们的专业技能和执行力。可以通过分享成功案例、传授经验方法等方式，来激发团队成员的执行热情与创造力。同时，还应关注团队成员的成长与发展，并为他们提供职业规划与晋升机会，从而增强他们的归属感和责任感。

激励机制是激发执行落实动力的重要手段。中层管理者应建立公平、合理的激励机制,通过设立奖励基金、实施绩效考核等方式,对执行落实表现优秀的团队成员给予物质和精神上的奖励。同时,对执行不力或未达预期目标的成员进行适当的惩罚或调整,从而激发团队成员的积极性和责任心。通过激励机制的建立,可以在企业中形成良好的执行氛围和文化,并推动执行落实工作深入开展。

持续跟进与反馈是确保执行落实效果的关键环节。中层管理者需要对执行落实工作进行持续的跟进与监督,以确保各项任务得到切实执行。通过定期收集反馈信息、分析执行数据等方式,可以了解执行落实的进度与效果,从而及时发现并解决问题。同时,加强与上级和下级之间的沟通与反馈,确保执行落实工作与整体战略保持一致。

中层管理者在执行落实过程中,还需要不断强化自我管理与提升。通过不断学习和实践,来提升自己的专业素养和管理能力。同时,要树立良好的执行榜样,以自己的言行影响和带动团队成员。通过自我管理与提升,中层管理者可以更好地发挥领导作用,并推动执行落实工作深入开展。

综上所述,中层管理执行中的"落实"到位需要采取多种方法与策略。通过明确目标与责任、优化流程与制度、强化沟通与协作、注重培训与指导、建立激励机制、持续跟进与反馈以及强化自我管理与提升等方式,可以确保中层管理执行的"落实"到位,推动企业的战略目标得以实现和整体绩效的提升。

当然，执行落实并不是一蹴而就的过程，它需要中层管理者在日常工作中不断总结经验、调整策略、持续改进。只有如此，才能真正做到中层管理执行的"落实"到位，为企业的持续发展和进步贡献力量。

中层管理执行，"检查"必须到位

在企业管理中，中层管理者不仅是战略的执行者，更是团队绩效的推动者。执行过程中，除了要确保"落实"到位之外，对执行情况的"检查"，也同样至关重要。通过有效的检查，中层管理者可以及时发现执行中的问题和不足，并采取相应措施加以改进，从而确保战略目标的顺利实现。

在进行检查之前，中层管理者首先需要明确检查的目的和重点。检查的目的应该是发现执行中的偏差、问题或不足，以便及时进行调整和改进。因此，中层管理者需要围绕企业的战略目标、部门的工作计划以及具体的执行要求，制订出详细的检查计划和标准，以确保检查工作的针对性和有效性。

为了确保检查工作的客观性和公正性，中层管理者需要制定科学的检查标准和方法。这些标准和方法应该基于企业的实际情况和战略目标，并结合部门的工作特点和要求，来确保它们既能够全面反映执行情况，又能够突出重点问题。同时，中层管理者还需要根据不同的执行阶段和任务特点，灵活调整检查方式和方法，以确保检查的及时性和有效性。

在执行过程中，中层管理者需要注重过程与结果的双重检查。过程检查主要是关注执行过程中的操作规范、流程执行、团队协作等方面的情况，确保执行过程符合标准和要求。结果检查则是对执行结果进行评估和反馈，检查是否达到预期目标，以及存在的问题和不足。通过双重检查，中层管理者可以全面了解执行情况，及时发现并解决问题。

检查不是目的，而是手段。中层管理者在检查过程中，需要加强与团队成员的沟通与反馈。通过与团队成员的深入交流，了解他们在执行过程中遇到的困难和挑战，以及他们的意见和建议。同时，要将检查结果及时反馈给团队成员，要明确指出存在的问题和不足，并提出具体的改进建议和要求。通过沟通与反馈，可以促进团队成员之间的合作与协作，推动执行工作的不断改进和优化。

为了激发团队成员的执行积极性，中层管理者需要建立有效的奖惩机制。对于执行表现优秀的团队成员，应当给予适当的奖励和表彰，并树立榜样和典型；对于执行不力的团队成员，也应当进行适当的惩罚和纠正，督促其改进和提升。通过奖惩机制的建立，可以激发团队成员的执行动力，形成积极向上的执行氛围。

检查是一个持续的过程，中层管理者需要不断跟进与改进。要定期对执行情况进行回顾和总结，分析检查工作中存在的问题和不足，并制定相应的改进措施。同时，要关注企业内外环境的变化和新的挑战，并及时调整检查策略和方法，以确保检查工作始终与企业的战略目标和实际情况保持一致。

综上所述，中层管理执行中的"检查"到位是确保执行效果和提升团队绩效的重要环节。通过明确检查目的、制定科学的检查标准和方法、注重过程与结果的双重检查、加强沟通与反馈、建立奖惩机制以及持续跟进与改进等措施，中层管理者可以确保检查工作得到有效落实，进而推动执行工作的不断优化和提升。在未来的工作中，中层管理者应继续深化对检查工作的理解和认识，不断探索和实践更加有效的检查方法和策略，为企业的持续发展和进步贡献自己的力量。

中层管理执行，"结果"必须到位

在企业管理中，中层管理者扮演着至关重要的角色，他们不仅是战略的执行者，更是结果的保障者。执行过程中，中层管理者不仅需要确保"落实"和"检查"到位，更要确保最终的"结果"到位。因为结果是企业战略目标实现与否的直接体现，也是衡量中层管理者执行力和团队绩效的重要标准。

中层管理者在执行过程中，应始终坚持以结果为导向，将实现战略目标作为最终的目标。因此，他们需要清晰了解企业的整体战略和部门的具体目标，明确自己在实现这些目标过程中的角色和责任。同时，需要将目标细化为具体的执行计划和任务，确保每项任务都与最终结果的实现紧密相关。

为了确保结果的到位，中层管理者需要加强对执行过程的管理和控制。他们需要密切关注团队成员的工作进展和完成情况，要及时发现并解决执行过程中出现的问题和障碍。同时，需要对执行过程进行定期评估和反馈，以确保团队成员能够按照既定的计划和标准完成任务，来保障最终结果的实现。

结果的到位需要严格的考核和激励机制来保障。中层管理者需要建立科学、公正的结果考核体系，对团队成员的工作成果要进行客观、全面的评估。通过考核，对识别出来的表现优秀的团队成员，应给予他们适当的奖励和激励；同时，对执行不力的团队成员，要帮助他们分析问题、制定改进措施，以激发他们的执行动力。

每一个结果的实现都是一次宝贵的经验积累。中层管理者需要善于总结执行过程中的经验教训，分析成功和失败的原因，提炼出有效的执行方法和策略。通过总结经验教训，中层管理者可以不断优化自己的执行策略，提升团队的执行力和绩效水平。

结果的到位不是终点，而是新的起点。中层管理者需要保持持续改进和创新的精神，并不断追求更高的结果。他们需要关注市场变化和企业发展动态，及时调整执行策略和方向；同时，需要鼓励团队成员提出创新性的想法和建议，推动执行工作的不断优化和提升。

综上所述，中层管理执行中的"结果"到位是确保战略目标实现的关键环节。中层管理者需要明确结果导向、强化过程管理、严格结果考核、总结经验教训以及持续改进与创新等措施来确保结果的到位。通过这些措施的实施，中层管理者可以不断提升团队的执行力和绩效水平，为企业的持续发展和进步贡献自己的力量，并在未来的工作中，继续深化对结果导向的理解和实践，不断探索和创新执行方法和策略，为企业创造更大的价值。

中层管理执行，"改进"必须到位

在快速变化的市场环境中，中层管理者不仅是战略的执行者，更是持续改进的推动者。他们需要时刻关注执行过程中的问题，并积极寻求改进方案，以确保执行效果不断提升。因此，中层管理执行中，"改进"必须到位。

中层管理者应深刻认识到持续改进的重要性，并将其视为企业持续发展的关键因素。他们需要积极传播改进理念，激发团队成员的变革意识和创新精神，引领团队积极应对市场变化和挑战。

中层管理者应建立问题导向的改进机制，通过定期收集和分析执行过程中的问题，找出流程中的瓶颈和短板，制订针对性的改进方案。同时，他们还需要关注新技术和新方法的应用，要不断优化执行流程，提高执行效率。

中层管理者应鼓励团队成员积极参与改进工作，让员工提供改进建议和创新思路。可以通过设立改进建议箱、开展头脑风暴等方式，激发团队成员的集体智慧，形成全员参与、共同改进的良好氛围。

中层管理者在制订改进方案时，应明确改进目标，确保改进效果可衡量。这可以通过设定具体的指标和标准，对改进过程进行监控和评估，以确保改进措施的有效性和针对性。

中层管理者应努力营造持续改进的文化氛围，将改进理念融入企业的核心价值观和日常管理中。通过制定相关制度和规范，明确改进工作的责任和要求，形成持续改进的长效机制，确保企业能够持续进步和发展。

中层管理者在推动改进工作的过程中，需要密切关注改进效果，定期评估改进措施的有效性。对于效果不佳的改进措施，应及时进行调整和优化，确保改进工作能够持续发挥积极作用。

综上所述，中层管理执行中的"改进"到位是确保企业持续发展的重要保障。中层管理者需要树立持续改进意识、建立问题导向的改进机制、鼓励团队成员参与改进、制定明确的改进目标、营造持续改进的文化氛围以及跟踪改进效果等措施来确保改进的到位。通过这些措施的实施，中层管理者可以不断提升团队的执行力和绩效水平，为企业的持续发展和进步贡献自己的力量。

第八章

基层执行者的执行修炼

换位思考，不要计较

基层执行者，作为企业的基石，承载着战略落地的重任。他们的执行力和职业素养直接影响企业运营的效率和质量。在快速变化的市场环境中，基层执行者不仅要具备扎实的专业技能，更需要修炼一种高层次的执行心态——换位思考，不计较。这种心态不仅有助于提升个人的执行力，更是推动企业持续发展的关键因素。

换位思考，即站在他人的角度思考问题，理解他人的需求和感受。对于基层执行者来说，这种能力至关重要。在日常工作中，基层执行者需要与上级、同事、下属以及客户等多个角色进行交互。而每个角色都有其独特的利益诉求和沟通方式，如果不能换位思考，就很难理解对方的真实意图，从而导致沟通障碍的出现，并产生执行偏差。

通过换位思考，基层执行者可以更加准确地把握问题的本质，找到解决问题的最佳方案。例如，在与上级沟通时，基层执行者可以站在上级的角度思考，理解其对公司整体战略和目标的理解，从而更好地执行相关决策。在与同事协作时，基层执行者可以站在同事的角度思考，了解其工作习惯和难点，以便更好地协调资源和解决问题。这种换位思考的能力，有助于基层执行者建立和谐的人际关系，形成良好的工作氛围，从而提升整个团队的执行力。

从企业发展的角度来看，基层执行者的换位思考能力是推动企业持续发展的重要因素。在市场竞争日益激烈的今天，企业需要不断创新和变革以适应市场的变化。而基层执行者作为企业的前沿力量，他们的思维方式和行动方式直接影响着企业的创新能力和应变能力。通过换位思考，基层执行者可以更加深入地了解市场需求和客户心理，为客户提供更有针对性的产品和服务。同时，他们也可以更加准确地把握市场趋势和竞争态势，为企业制定更加科学的发展战略提供有力支持。

不计较，是一种中国哲学思维下的职业智慧。它强调在面对得失、名利、恩怨等问题时，保持一颗平和的心态，不过于纠结和计较。对于基层执行者来说，这种心态是提升执行力和职业素养的关键。

在工作中，基层执行者经常会遇到各种挑战和困难。如果过于计较个人的得失，就容易产生消极情绪，影响工作效率和团队氛围。而不计较的心态则可以让基层执行者保持冷静和客观，以更加积极的心态面对工作中的挑战和困难。

不计较并不意味着放弃自己的权益和利益。相反，它是一种更高层次的智慧。通过不计较，基层执行者可以更好地把握大局和长远利益，避免因小失大。同时，他们也可以更加专注于工作本身，提升自己的专业技能和执行力，从而为企业创造更大的价值。

从中国哲学思维的角度来看，不计较体现了道家"无为而治"的思想。这种思想强调顺应自然、不强行干涉，让事物自然发展。在基层执行者的职业发展中，不计较的心态也可以理解为一种顺应职业发展的自然规律，不过于纠结个人的得失和名利，而是专注于提升自己的能力和素质，等待机会的到来。

换位思考和不计较是相辅相成的两种心态。通过换位思考，基层执行者可以更好地理解他人的需求和感受，从而避免因沟通不畅或理解偏差而产生的矛盾和冲突。而不计较则可以让基层执行者保持一种平和的心态，避免因个人情绪或利益诉求而影响工作的执行和团队的和谐。

在实际工作中，基层执行者可以通过以下方式培养这两种心态：一是，加强自我反思和学习，不断提升自己的职业素养和人际交往能力；二是，积极参与团队合作和沟通，了解不同角色的利益诉求和沟通方式；三是，保持一颗开放和包容的心，尊重他人的差异和选择，以更加积极的态度面对工作中的挑战和变化。

在基层执行者的职业规划发展中，换位思考和不计较的心态同样具有重要意义。这两种心态不仅有助于提升个人的执行力和职业素养，更是塑造长期职业发展的关键因素。

拥有换位思考能力的基层执行者,更容易在职场中建立起广泛的人脉关系,为未来的职业发展铺平道路。能够理解并尊重他人的观点和立场,可以在团队中树立良好口碑和形象。这种能力在晋升到更高层次的管理岗位时尤为重要,因为管理者需要更多地考虑团队的整体利益和长远发展。

而不计较的心态则有助于基层执行者在面对职业发展的起伏和波折时保持冷静和坚定。他们不会因为一时的得失而失去信心和方向,而是能够坚持自己的职业规划和目标,不断提升自己的能力和素质。这种心态使得基层执行者能够在长期的职业生涯中保持稳定和持续的发展。

综上所述,换位思考和不计较是基层执行者提升执行力和职业素养的重要修炼。它们不仅有助于个人在工作中取得更好的成绩和发展,更是推动企业持续发展的重要因素。因此,基层执行者应该注重培养这两种心态,以更加成熟和睿智的态度面对职场挑战和机遇。

在快速变化的市场环境中,企业也需要重视基层执行者的这种心态修炼。通过培训和引导,帮助基层执行者深入理解换位思考和不计较的内涵和价值,以激发他们的工作热情和创造力。同时,企业还应该为基层执行者提供更多的发展机会和平台,让他们能在实践中不断锻炼与提升自己的能力和素质。

基层执行者的换位思考和不计较的心态，对于企业文化的塑造也具有积极意义。这种心态可以渗透到企业的各个层面，形成一种积极向上、和谐共进的工作氛围。在这样的企业文化熏陶下，员工之间能够相互理解、相互支持，共同为企业的发展贡献力量。

此外，随着市场竞争的加剧和企业变革的不断推进，基层执行者需要不断适应新的工作环境和任务要求。通过培养换位思考和不计较的心态，基层执行者可以更好地应对变化和挑战，保持灵活性和创新性。这种心态也是企业持续创新和发展的重要保障。

避免细节错误，养成细节习惯

基层执行者在日常工作中，常常需要处理大量琐碎的事务，一些看似微不足道的细节，往往关系整个工作的成败。因此，避免细节错误，养成细节习惯，对于基层执行者来说至关重要。

细节是工作的重要组成部分，它反映了一个人的工作态度和职业素养。在工作中，一个小小的细节错误，可能导致整个工作进程的延误，甚至影响企业的声誉和利益。因此，基层执行者必须充分认识细节的重要性，并时刻保持警惕，避免细节错误的发生。

要养成细节习惯，基层执行者可以从以下几个方面入手：

首先，注重工作中的每一个环节。无论是文件的整理、数据的核对还是会议的安排，都需要认真对待，确保每一个环节都做到位。只有把握好每一个环节，才能避免细节错误的发生。

其次，建立严谨的工作流程。通过制订详细的工作计划和流程，明确各项工作的具体要求和标准，减少工作中的随意性和不确定性。同时，要严格执行工作流程，确保每一步都按照既定要求进行。

再次，加强自我检查和监督。在完成工作后，基层执行者应该进行自我检查，确保没有遗漏和错误。同时，可以请同事或上级进行检查和提醒，以便及时发现和纠正细节问题。

最后，保持积极的学习态度。随着工作环境和任务的变化，基层执行者需要不断更新自己的知识和技能。通过参加培训、阅读相关书籍和文章等方式，不断提升自己的专业素养和细节意识。

养成细节习惯不仅有助于避免错误，还能提高工作效率。一个注重细节的基层执行者，在工作中往往能够更快地发现问题、解决问题，减少返工和修改的时间。同时，能够更加准确地把握工作重点和方向，提高工作效率和质量。

在企业中，细节习惯也是企业文化的重要组成部分。一个注重细节的企业，往往能够营造出严谨、务实的工作氛围，提升员工的职业素养和工作效率。基层执行者作为企业文化的传承者和实践者，他们的细节习惯将直接影响企业文化的形成和发展。

因此，企业应该加强对基层执行者细节习惯的培养和引导，通过制定相关制度和规范、开展培训和教育等方式，帮助员工养成良好的细节习惯。同时，要注重企业文化的建设和传承，让细节习惯成为企业文化的核心价值观之一。

综上所述，避免细节错误、养成细节习惯是基层执行者提升执行力和职业素养的重要途径。通过注重工作中的每一个环节、建立严谨的工作流程、加强自我检查和监督以及保持积极的学习态度等方式，基层执行者可以逐渐养成良好的细节习惯，为企业的发展贡献自己的力量。

对工作负责,敢于承担责任

在企业的日常运营中,基层执行者作为执行链条的末端,其工作表现和态度直接关系着企业目标的实现和整体执行力的提升。因此,基层执行者不仅要具备扎实的专业技能和高效的执行力,更要对工作负责,敢于承担责任。这种责任担当的精神不仅是个人职业素养的体现,更是推动企业持续发展的重要保障。

对工作负责,就意味着基层执行者要对自己的工作任务、工作结果以及工作过程中的每一个环节都保持高度的责任感和使命感。这种责任感不仅要体现在对工作结果的追求上,更要体现在对工作过程的把控和对工作细节的关注上。只有对工作负责,才能确保工作的顺利进行和高质量完成,从而为企业的发展贡献自己的力量。

对基层执行者来说,对工作负责的价值在于:首先,它有助于提升个人的职业形象和信誉。一个对工作负责的员工,往往能够获得同事和上级的信任和尊重,从而在职场中建立起良好的口碑和形象。其次,它有助于推动个人职业发展和成长。通过不断承担责任和挑战自己，基层执行者可以不断提升自己的能力和素质，为未来的职业发展打下坚实的基础。最后，它有助于增强企业的凝聚力和向心力。当每一个员工都能够对工作负责时，企业就会形成一种积极向上、团结协作的工作氛围，从而推动企业的持续发展和进步。

敢于承担责任，是基层执行者在工作中必须具备的一种勇气和担当。在工作中，难免会遇到各种问题和挑战，这时就需要基层执行者能够勇于面对、敢于担当。只有敢于承担责任，才能及时解决问题、化解矛盾，确保工作顺利进行。

敢于承担责任的基层执行者，通常具备以下特点：首先，他们具有坚定的信念和决心。面对困难和挑战时，他们能够保持冷静和自信，坚定信念、迎难而上。其次，他们具有勇于承认错误的勇气。当工作出现错误时，他们能够主动承认并积极寻求解决方案，而不是推诿扯皮、逃避责任。最后，他们具有积极寻求改进的态度。在承担责任的同时，他们能够认真总结经验教训，积极寻求改进和提升的方法，以便更好地完成工作任务。

培养基层执行者的责任担当精神，可以从以下几个方面入手：首先，加强思想教育和引导。通过开展主题教育、举办讲座和培训等方式，引导基层执行者树立正确的价值观和职业观，以增强他们的责任感和使命感。其次，建立完善的责任制度。通过制定明确的岗位职责和考核标准，明确每个基层执行者的责任范围和工作要求，确保他们能够清晰地了解自己的职责和任务。同时，对于工作中出现的问题和失误，也要及时追究责任、严肃处理。再次，营造积极的工作氛围。通过举办团队建设活动、开展文化交流等方式，增强团队的凝聚力和向心力，让基层执行者感受到企业的温暖和支持，从而更加积极地投入工作。最后，提供必要的支持和保障。企业要为基层执行者提供必要的资源和支持，帮助他们解决工作中的困难和问题，让他们能够有信心和能力去承担更多的责任和挑战。

责任担当不仅是基层执行者个人职业素养的体现，更是企业文化的重要组成部分。一个具有责任担当精神的企业，往往能够吸引更多的优秀人才，形成积极向上的工作氛围，推动企业不断创新和发展。因此，企业应该注重将责任担当精神融入企业文化中，使其成为企业的核心价值观之一。

在融合责任担当精神与企业文化的过程中，企业可以通过以下方式来实现：首先，将责任担当作为企业文化的重要内容进行宣传和推广，让每一个员工都能够深刻理解和认同这种精神。其次，通过制定相关的规章制度和行为准则，将责任担当精神具体化、可操作化，从而让员工能够在日常工作中践行这种精神。再次，通过树立典型和榜样，表彰那些在工作中表现出色、敢于承担责任的员工，以激励更多的员工向他们学习、看齐。最后，加强企业文化建设与实践相结合，让责任担当精神真正融入企业的日常运营和管理中，成为推动企业发展的重要力量。

对于基层执行者来说，责任担当不仅有助于提升企业的整体执行力，更是个人职业发展的关键因素。在工作中敢于承担责任、勇于面对挑战的员工，往往能够获得更多的成长机会和发展空间。责任担当也能够增强个人的自信心和成就感，让基层执行者在工作中更加自信和坚定。

综上所述，对工作负责、敢于承担责任是基层执行者必备的职业素养和执行力要求。通过培养责任担当精神、建立完善的责任制度、营造积极的工作氛围以及将责任担当精神融入企业文化等方式，可以激发基层执行者的责任感和使命感，推动他们更好地完成工作任务并为企业的发展贡献自己的力量。同时，责任担当也是个人职业发展的重要保障和推动力量，能够助力基层执行者在职业生涯中取得更好的成就和发展。

沟通要明确、到位、有效

沟通是执行过程中的重要环节，对于基层执行者来说，明确、到位、有效的沟通不仅能够提高工作效率，还能减少误解和冲突，确保工作的顺利进行。因此，掌握沟通的艺术，对于基层执行者而言至关重要。

在沟通前，基层执行者需要明确沟通的目标和意图，要确保所传递的信息准确无误。同时，还要对接收者的背景、能力和需求有所了解，以便用恰当的方式和语言进行沟通。在沟通过程中，要注意信息的准确性和完整性，避免使用模糊或含混不清的表达方式，以免引起误解或歧义。

到位沟通意味着在沟通过程中要注重细节，确保信息的完整性和准确性。基层执行者需要关注沟通对象的反应和反馈，及时调整沟通方式和策略。同时，要善于倾听和理解对方的观点和意见，尊重对方的差异和意见，并进一步寻求双方的共识和解决方案。

为了提高沟通效果，基层执行者可以采用一些具体的沟通技巧，如清晰明了地表达观点、使用具体的事例和数据来支持观点、避免使用攻击性或情绪化的语言等。此外，还可以通过多次确认和反馈来确保信息的准确传递和理解。

有效沟通是团队合作和执行力提升的关键。通过有效沟通，基层执行者能够与其他团队成员建立良好的合作关系，共同解决问题和应对挑战。同时，有效沟通还能够激发团队成员的积极性和创造力，推动团队向更高的目标迈进。

为了实现有效沟通，基层执行者需要不断提升自己的沟通能力和素养。这包括提高语言表达能力、增强倾听和理解能力、培养同理心和共情能力等。此外，还需要关注沟通技巧的学习和实践，并不断总结经验和教训，以便更好地应对各种沟通挑战。

在沟通过程中，情绪管理和心态调整同样重要。基层执行者需要保持冷静和理性，处理问题时应避免情绪化。当遇到沟通障碍或冲突时，要学会调整自己的心态和情绪，应以平和的态度去解决问题。同时，要善于引导和化解他人的情绪，营造积极的沟通氛围。

为了提高沟通效率和效果，基层执行者可以积极参与企业沟通机制的建立和优化。通过制定明确的沟通流程和规范，建立起有效的沟通渠道和平台，以确保信息的畅通和共享。同时，企业还可以定期组织沟通培训和交流活动，提升团队成员的沟通技能和意识。

沟通不仅是执行过程中的一个环节,更是企业文化的重要组成部分。基层执行者应该将沟通的理念和技巧融入企业文化中,使其成为企业的一种习惯和氛围。通过强调沟通的重要性、树立沟通典范和榜样、制定沟通相关的规章制度等方式,可以推动企业文化与沟通的有效结合。

综上所述,明确、到位、有效的沟通是基层执行者提升执行力和推动工作顺利进行的关键要素。通过明确沟通目标、注重细节和反馈、培养有效沟通技巧、管理情绪与调整心态、建立沟通机制以及将沟通与企业文化相结合等方式,基层执行者可以不断提升自己的沟通能力,为企业的发展贡献自己的力量。

感恩企业、感恩领导、感恩同事

在职业生涯中,感恩别人是一种宝贵的品质,它不仅能够让员工更加珍惜现有的工作机会和人际关系,还能激发员工更加努力地工作,为企业和团队的发展贡献自己的力量。作为基层执行者,需要时刻保持一颗感恩的心,要感恩企业、感恩领导、感恩同事。

首先,要感恩企业为每个人提供工作机会和发展平台。正是企业的存在和发展，为员工提供了施展才华的舞台和实现价值的空间。所以应该珍惜这份来之不易的工作机会，全身心地投入到工作中去，为企业的发展贡献自己的力量。同时，要积极学习和提升自己的专业技能与综合素质，以便更好地适应企业的需求和挑战。

其次，在工作中，还要感恩领导的悉心指导和无私帮助。领导不仅为员工指明了前进的方向和目标，还为员工提供了必要的支持和资源。员工应该尊重领导的决策和安排，积极配合领导的工作，以确保任务顺利完成。同时，要与领导建立良好的沟通和信任关系，要及时反馈工作进展和遇到的问题，以便领导能够给予更多的指导和帮助。

再次，同事是工作中的伙伴和战友，同事的支持和帮助对于员工的成长和发展至关重要。要感恩同事的协作和配合，珍惜与他们共同度过的时光。在工作中，要与同事保持良好的沟通和合作关系，共同解决问题和应对挑战。当同事遇到困难时，要伸出援手、提供帮助；当同事取得成绩时，要给予肯定和鼓励。

最后，还要学会欣赏和尊重同事的优点和长处，包容和理解他们的不足和缺点。通过相互学习和借鉴，可以不断提升自己的能力和素质，实现个人和团队的共同成长。

除了感恩企业和个人之外，还要感恩企业文化和团队氛围。正是这些无形的力量，才能让大家在工作中感受到温暖和归属感。要积极融入企业文化和团队氛围，要遵守企业的规章制度和职业道德规范，并维护团队的和谐稳定和整体利益。

通过感恩企业文化和团队氛围，还可以更好地理解和认同企业的价值观与使命，增强对企业的归属感和忠诚度。同时，可以借助团队的力量和资源，共同应对各种挑战和困难，实现个人和团队的共同发展。

总之，感恩之心不仅是一种道德品质，更是一种积极的生活态度和工作动力。作为基层执行者，要时刻保持一颗感恩的心，珍惜现有的工作机会和人际关系，为企业和团队的发展贡献自己的力量。同时，要不断学习和提升自己的能力和素质，以更好地适应和应对未来的挑战和机遇。

修炼服从、速度、团队、落实意识

作为基层执行者，工作往往涉及多个环节和多个部门之间的协作。在这个过程中，修炼服从、速度、团队、落实意识，对于提升执行力和工作效率至关重要。

修炼服从意识是执行力的基础。

服从，是执行力的基础和前提。作为基层执行者，首先需要修炼的是服从意识。这并不意味着要盲目地听从上级指示和安排，而是要在理解和认同的基础上，积极地去执行和完成任务。

在实际工作中，基层执行者可能会遇到各种困难和挑战，这时就需要保持冷静和理性，从大局出发，服从整体利益的需要。同时，要学会换位思考，理解上级的决策意图和期望，以便更好地执行和完成任务。

此外，服从意识还体现在对规章制度的遵守上。企业的规章制度是保障企业正常运转的基础，作为基层执行者，需要严格遵守这些规章制度，确保自己的行为符合企业的要求和标准。

修炼速度意识是提升工作效率的关键。

在快节奏的时代背景下，速度意识对于基层执行者来说尤为重要，这就需要基层执行者修炼速度意识，以快速响应和高效执行来应对各种工作挑战。

首先，要提高自己的工作效率。通过优化工作流程、合理安排时间、提高工作效率等方式，确保自己能够在规定的时间内完成任务。同时，要学会利用现代科技，如信息化工具、自动化设备等，来提升自己的工作效率和质量。

其次，要注重团队协作和沟通。通过加强团队之间的沟通和协作，减少信息传递和处理的时间成本，进而提高整个团队的执行效率。同时，要学会在团队中发挥自己的优势和特长,为团队的发展贡献自己的力量。

修炼团队意识是实现协同作战的保障。

团队意识是基层执行者必备的重要素质之一。基层执行者需要修炼团队意识,以实现协同作战和共同发展。

首先,要认识到团队的重要性。一个优秀的团队能够凝聚人心、激发潜能、实现共同目标。因此,需要积极参与团队建设活动,加强与团队的沟通和交流,增强团队的凝聚力和向心力。

其次,要学会在团队中发挥自己的作用。每个人都有自己的优势和特长,需要找到自己在团队中的定位和价值,发挥自己的作用,为团队的发展贡献自己的力量。同时,要学会倾听和尊重他人的意见和观点,以包容和开放的心态面对团队中的差异和冲突。

此外,要注重团队文化的建设。团队文化是团队精神的体现和传承,通过共同遵守的价值观和行为准则,可以增强团队成员之间的认同感和归属感。因此,需要积极参与团队文化的建设和维护,为团队的稳定发展提供有力的保障。

修炼落实意识是确保任务完成的根本。

落实意识是基层执行者必须具备的核心素质之一。基层执行者需要修炼落实意识,以确保任务的完成和目标的实现。

首先,要树立"执行到位"的理念。在工作中,需要注重细节、追求完美，确保每一项任务都能够按照要求和标准落实到位。同时，要关注任务的执行过程，要及时反馈问题和进展情况，确保任务顺利推进。

其次，要注重结果导向。结果是衡量工作效果的重要标准之一，基层执行者要关注任务完成的质量和效果，以结果为导向推动工作的落实。同时，要学会从结果中总结经验教训，并不断优化工作流程和方法，以提高工作效率和质量。

此外，基层执行者还要加强自我管理和自我约束。在工作中，需要保持高度的责任心和自律性，要严格遵守工作纪律和规章制度，确保自己的行为符合企业的要求和标准。同时，要不断学习和提升自己的专业技能和综合素质，以便更好地适应和应对工作中的挑战和变化。

总之，修炼服从、速度、团队、落实意识是基层执行者提升执行力和工作效率的重要途径。通过不断修炼这些意识，基层执行者可以更好地适应和应对工作中的挑战和变化，为企业的发展贡献自己的力量。

第九章

部门执行力的落地、跟踪及考核

各部门上下左右是否衔接到位

执行力,作为组织高效运作的基石,其重要性不言而喻。在全员执行力的构建中,部门执行力扮演着举足轻重的角色。一个部门执行力的强弱,直接关系企业战略目标的达成与否。因此,如何确保部门执行力有效落地、跟踪及考核,早已成为企业管理的核心议题。

部门之间的衔接,如同组织中的血管,承载着信息的流通、资源的调配以及协作的推进。衔接得顺畅与否,直接影响部门执行力的强弱。那如何建立起有效的衔接呢?

横向衔接——部门间的协同作战。

一是信息共享机制。建立跨部门的信息共享平台,确保各部门能够及时获取所需信息,减少信息孤岛。同时,定期召开信息共享会议,促进部门间的信息交流与沟通。

二是流程对接。对涉及多个部门的业务流程进行梳理和优化,明确各部门在流程中的职责与角色,确保流程的顺畅运行。此外,对于跨部门流程中的瓶颈问题，要进行深入分析和改进。

三是协作文化培育。通过内部培训、团队建设等方式，培养员工的协作意识和团队精神。鼓励员工打破部门壁垒，积极参与跨部门协作，让不同部门的员工共同为企业的发展贡献力量。

纵向衔接——上下级之间的有效沟通。

一是目标一致性。确保上级部门的目标与下级部门的目标保持一致，避免出现目标偏离或冲突的情况。同时，上级部门要向下级部门明确传达战略意图和期望，确保下级部门能够准确理解并执行。

二是反馈与指导。下级部门在执行过程中要及时向上级部门反馈进度、问题和建议，以便上级部门及时了解执行情况并给予指导。上级部门也要定期对下级部门的工作进行检查和评估，并提供必要的支持和帮助。

三是资源调配与支持。上级部门要根据下级部门的实际需求，合理调配资源，确保下级部门有足够的资源支持来完成任务。同时，对于下级部门在执行过程中遇到的困难和问题，上级部门要积极协调解决。

为确保部门间衔接的有效性，企业还需要建立一套完善的评估机制。这包括对部门间信息共享的及时性、准确性进行评估；对跨部门流程的运行效率、效果进行监控；对上下级之间的沟通效果、目标一致性进行定期审查。同时，根据评估结果，要及时发现问题并改进，以确保部门间衔接的持续优化。

此外,企业还可以引入外部专家或咨询机构,对部门间衔接情况进行客观评估和建议,以进一步提升衔接效果。

综上所述,部门间上下左右的衔接到位是确保部门执行力有效落地的关键。通过加强横向协同作战、纵向有效沟通以及衔接效果的评估与改进,企业可以显著提升部门执行力,从而推动企业整体战略目标顺利实现。

相关部门日常工作要文件化和标准化

在日常工作中,确保相关部门的工作流程、操作规范以及管理标准得以文件化和标准化,是提升部门执行力、确保工作质量稳定和提升工作效率的重要手段。

文件化是指将部门的日常工作流程、决策过程、管理规范等以书面形式进行记录和保存,形成的一套完整的工作指导文件。这不仅有助于员工明确工作职责和操作方法,还能为后续的工作改进和审计提供有力依据。

实施文件化的策略包括:首先,对现有的工作流程和规范进行全面梳理和审查，确保其科学性和合理性；其次，将梳理后的内容以书面形式进行记录和整理，形成工作手册或操作指南；最后，通过培训和宣传，确保员工熟悉并掌握相关文件内容，使其能够在实际工作中得到应用。

标准化是指通过制定统一的标准和规范，使部门的工作能够按照一定的程序和要求进行，从而达到提升工作效率和质量的目的。标准化有助于减少工作中的随意性和差异性，能确保工作结果的一致性和可预测性。

推进标准化的方法包括：首先，根据部门的工作特点和实际需求，制定切实可行的工作标准和规范；其次，通过培训和指导，使员工掌握标准的操作方法和要求；再次，建立监督检查机制，对员工的执行情况进行定期检查和评估；最后，根据检查结果进行反馈和改进，并不断完善和优化工作标准。

文件化和标准化在提升部门执行力方面相互促进。文件化使得标准化有了具体的载体和依据，而标准化则使得文件化的内容得以有效执行和贯彻。二者相辅相成，共同构成了部门日常工作的重要支撑。

在实施过程中，应注意文件化与标准化的相互衔接和配合。一方面，在制定工作标准和规范时，应充分考虑文件化的需求，确保标准和规范能够以书面形式进行清晰表达；另一方面，在文件化的过程中，应充分体现标准化的要求，确保文件内容符合部门的工作特点和实际需求。

文件化和标准化并不是一蹴而就的工作，它需要随着部门工作的变化和发展进行持续优化和更新。企业应建立定期审查机制，对现有的文件和标准进行评估和修订，以适应新的工作环境和需求。同时，要鼓励员工提出改进意见和建议，为文件化和标准化的持续优化提供动力和支持。

综上所述，相关部门日常工作的文件化和标准化是提升部门执行力、确保工作质量稳定和提升工作效率的重要手段。通过实施文件化和标准化策略，企业可以建立起一套科学、规范、高效的工作体系，为企业的持续发展和竞争优势提供有力保障。

公司执行力检查应定期或不定期展开

在构建全员执行力的过程中，公司执行力检查扮演着至关重要的角色。通过定期或不定期的检查，企业能够及时发现执行力方面的问题和不足，从而采取相应的措施进行改进，以确保企业战略目标顺利实现。

执行力检查是企业提升执行力的关键环节。通过检查，企业可以了解各部门、各岗位的执行力情况，掌握员工在执行过程中的行为表现和工作态度，发现存在的问题和短板。同时，执行力检查也是企业自我评估、自我完善的重要手段，有助于企业及时纠正错误、调整策略，并推动执行力不断提升。

执行力检查的内容应涵盖企业日常运营的各个方面，包括但不限于以下几个方面：

一是工作计划的执行情况。检查各部门、各岗位是否按照既定的工作计划进行，是否存在拖延、遗漏等问题。

二是工作流程的执行情况。检查各部门、各岗位是否按照既定的工作流程进行操作，是否存在违规、简化流程等行为。

三是工作质量的评估。对工作成果进行检查和评估，了解工作质量的达标情况，分析存在的问题和原因。

四是员工执行力的评估。对员工的工作态度、工作能力、团队协作等方面进行评估，以了解员工的执行力水平。

五是管理制度的执行情况。检查企业各项管理制度是否得到严格执行，员工是否遵守企业的规章制度。

执行力检查的方式多种多样，既可以采用定期检查的方式，也可以采用不定期抽查的方式。具体方式的选择应根据企业的实际情况和需要进行确定。

定期检查：企业可以设定固定的检查周期，如每月、每季度或每年进行一次全面的执行力检查。定期检查可以确保检查的全面性和系统性，有利于企业对执行力情况进行全面把握。

不定期抽查：除了定期检查外，企业还可以根据需要进行不定期的抽查。抽查更加灵活、随机，有助于发现一些定期检查中可能遗漏的问题。

在检查方式上，企业还可以结合问卷调查、实地观察、访谈等多种方法，以获取更加全面、客观的检查数据。

对于执行力检查的结果，企业应及时进行分析、总结和反馈。具体处理方式如下：

一是分析检查结果。对检查结果要进行深入分析，找出执行力方面存在的问题和不足，并分析原因和影响因素。

二是制定改进措施。针对存在的问题和不足，制订相应的改进措施和计划，明确责任人和时间节点。

三是反馈与沟通。将检查结果和改进措施反馈给相关部门和人员，进行充分的沟通和讨论，确保改进措施得到有效执行。

四是监督与考核。对改进措施的执行情况进行监督和考核，确保改进措施落地生根，取得实效。

执行力检查不是一次性的工作，而是需要持续进行、不断优化的过程。企业应根据检查结果和实际情况，不断调整和优化执行力检查的内容和方式，以适应企业的发展需要和市场环境的变化。

同时，企业还应注重提升员工的执行力意识和能力，通过培训、激励等方式，激发员工的执行力潜能，从而提升企业的整体执行力水平。

综上所述，公司执行力检查的定期或不定期展开对于提升企业的执行力具有重要意义。通过科学的检查内容、灵活的检查方式、有效的结果处理以及持续的优化改进，企业可以不断提升自身的执行力水平，为企业的持续发展和竞争优势提供有力保障。

在具体实施过程中，企业还应根据自身的特点和实际情况进行灵活调整和创新，以确保执行力检查工作的针对性和实效性。同时，企业还应注重与其他管理工具的融合与协同，要形成一套完整、高效的管理体系，进而推动企业全面发展。

在长期的执行力检查实践中，企业还应不断总结经验教训，完善检查机制和方法，以适应不断变化的市场环境和竞争态势。通过持续改进和创新，企业可以不断提升自身的执行力水平，为企业的长远发展奠定坚实的基础。

制订和落实详尽的执行力考核方案

在构建全员执行力的过程中，制订和落实详尽的执行力考核方案是至关重要的环节。通过制订科学、合理、具有可操作性的考核方案，企业可以全面、客观地评估员工的执行力水平，激发员工的工作积极性和创造力，进而推动企业的持续发展和进步。

执行力考核方案是企业对员工执行力进行有效管理的重要手段。通过考核，企业可以了解员工的执行力状况，并发现存在的问题和不足，为后续的培训和提升提供依据。同时，考核方案还可以激发员工的自我提升意识，促使其更加努力地投入工作，提升他们的工作效率和质量。此外，执行力考核方案还有助于企业建立公平、公正的激励机制，激发员工的积极性和创造力，从而增强企业的凝聚力和向心力。

在制订执行力考核方案时，应遵循以下原则：

一是目标导向原则。考核方案应紧密围绕企业的战略目标和业务需求，要确保考核内容与企业的整体发展相一致。

二是科学性原则。考核方案应具有科学性、合理性和可操作性，要能够全面、客观地反映员工的执行力水平。

三是公平性原则。考核方案应公平、公正，要避免主观臆断和偏见，确保每个员工都能得到公正的评价。

四是激励性原则。考核方案应具有一定的激励性，要能够激发员工的积极性和创造力，促使其不断提升执行力水平。

执行力考核方案应包含以下内容：

一是考核指标。根据企业的战略目标和业务需求，制定具体的考核指标，如工作计划完成情况、工作流程执行情况、工作质量达标情况等。

二是考核周期。确定考核的周期，可以是月度、季度或年度，以便定期对员工的执行力进行评估。

三是考核方法。选择适当的考核方法，如自评、互评、上级评价等，确保考核结果的客观性和公正性。

四是考核权重。根据各项考核指标的重要性和紧急程度，设定合理的考核权重，以反映各项指标的相对重要性。

五是考核结果等级。设定不同的考核结果等级，如优秀、良好、合格、不合格等，以便对员工的执行力水平进行区分。

为确保执行力考核方案的顺利实施，企业应采取以下措施：

一是加强宣传和培训。向员工宣传考核方案的目的和意义，使其充分认识考核的重要性；同时，对员工进行必要的培训，使其了解考核的具体内容和要求。

二是建立考核小组。成立专门的考核小组，负责执行力考核工作的组织和实施，确保考核工作的公正性和客观性。

三是定期收集数据和信息。考核小组应定期收集员工的工作数据和信息，以便对员工的执行力进行评估和分析。

四是及时反馈和沟通。考核小组应及时将考核结果反馈给员工，并进行充分的沟通和讨论，以帮助员工了解自身的优点和不足，制定改进措施。

五是奖惩兑现。根据考核结果，对表现优秀的员工进行奖励和激励，对表现不佳的员工进行适当的惩罚和督促，以强化考核的激励作用。

执行力考核方案不应是一成不变的，而应随着企业的发展和市场环境的变化进行持续优化和调整。企业应根据考核结果和员工的反馈意见，对考核方案进行定期审查和修订，确保其始终符合企业的战略目标和业务需求。同时，企业还应关注行业内的最新动态和最佳实践，要不断吸收和借鉴先进的考核理念和方法，以提升考核方案的科学性和有效性。

在优化过程中，企业还应注重与其他管理工具的协同和整合，要形成一套完整、高效的管理体系。例如，可以将执行力考核方案与员工的职业发展规划、薪酬福利制度等进行有机结合，以实现员工个人发展与企业整体发展的共赢。

综上所述，制订和落实详尽的执行力考核方案是提升员工执行力、推动企业发展的重要举措。通过科学制订、公正实施和持续优化考核方案，企业可以激发员工的积极性和创造力，进而提升企业的整体执行力水平，为企业的持续发展和竞争优势提供有力保障。在未来的企业管理实践中，应更加注重执行力考核工作的开展和优化，为企业的发展注入更多的活力和动力。